Table of Contents

	Introduction	v
	Lección 1: Sopa de letras	1
	Lección 1: ¿Qué hora es?	3
	Lección 2: ¿A qué distancia…?	5
	Lección 2: ¿Quién es Pedro?	7
	Lección 3: Diferencias	9
	Lección 3: Horario	11
	Lección 4: ¿Qué vas a hacer?	13
	Lección 4: Situación	15
	Lección 5: Un viaje	17
	Lección 5: ¿Qué están haciendo?	19
	Lección 6: El fin de semana	21
	Lección 6: Diferencias	23
	Lección 7: La familia ocupada	25
	Lección 7: La residencia	27
	Lección 8: Crucigrama	29
	Lección 8: Regalos de Navidad	31
	Lección 9: Quinceañera	33
	Lección 9: Compartir	35
	Lección 10: Crucigrama	37
	Lección 10: En el consultorio	39
	Lección 11: ¡Tanto que hacer!	41
	Lección 11: ¿De quién es?	43
	Lección 12: ¡Corre, corre!	45
	Lección 12: Investigación	47
	Lección 13: No te preocupes	49
	Lección 13: El medio ambiente	51
	Lección 14: Busca los cuatro	53
	Lección 14: La fiesta de Laura	55
	Lección 15: El gimnasio perfecto	57
	Lección 15: ¿A favor o en contra?	59
	Lección 16: El futuro de Cristina	61
	Lección 16: La entrevista	63
	Lección 17: Crucigrama	65
	Lección 17: S.O.S	67
	Lección 18: ¿Qué pasaría?	69
	Lección 18: Dos artículos	71
	Answer Key	73

Introduction

Completely new for **VISTAS, Second Edition,** the Information Gap Activities Booklet contains the handouts for the information gap activities whose direction lines and models appear in the student text, additional activities, and suggested answers. There are two activities for each of the eighteen lessons in **VISTAS.** The ones with handouts for the activities in the student text are marked in the table of contents with the same information gap icon that appears next to the activities in the textbook. The additional activities are not marked with an icon. Both the in-text and additional activities are correlated for you in annotations in your Instructor's Annotated Edition.

The information gap activities contained in this booklet were designed with communication as the goal: they oblige students to produce language on their own and to comprehend and react to their partners' language in order to complete the tasks at hand. The activities use a variety of formats such as puzzles, art-based activities, situations, role-plays, and debates; many also include a writing component that serves to sum-up the communication between each pair. Direction lines and models are provided on the handouts, and an answer key with responses to any discrete-item activities is located at the end of this booklet.

Each activity consists of two handouts, one for **Estudiante 1** and one for **Estudiante 2.** If you are going to complete an information gap activity in class on a given day, make enough copies of the **Estudiante 1** handout for half of the class and enough copies of the **Estudiante 2** handout for the other half of the class; leave the originals intact for use in future classes.

Have students arrange themselves in pairs, and give an **Estudiante 1** handout to one member of the pair and an **Estudiante 2** handout to the other member. Before students begin, instruct students NOT to look at each other's handout. Advise them that they each have a different set of instructions or information they need to use in order to complete the task at hand, which will require them to talk, listen, and react to one another. Point out the vocabulary and language structures they should be using; all of the activities are designed to practice some part of the vocabulary and grammar of the corresponding lesson. Students should feel free to use all of the Spanish they have learned to this point to complete each activity; however, it is a good idea to walk around the class as they are working on the activities to ensure they are speaking to each other in complete sentences and are not reverting to simpler, more familiar language structures to express themselves. Encourage students to write on their handouts when space is provided, as they will often need a record of the information their partners give them to complete the activity. Finally, encourage them to be creative and have fun with the Spanish that they know!

The information gap activities are designed to take about ten minutes each. When using the activities whose final step is a written summary of the pairs' communication, you may choose to include or omit this section as time permits. You may also wish to collect the handouts at the end of the activity to check that students have completed the task accurately, or review the results of the activity as a class.

We hope that you will find the **VISTAS** Information Gap Activities Booklet to be a useful resource in your classroom, and that the activities will help your students to increase their Spanish skills in a productive, enjoyable fashion.

*The **VISTAS** Authors and the Vista Higher Learning Editorial Staff*

information gap activity

Lección 1

Estudiante 1

Sopa de letras (Wordsearch) You have half of the words in the wordsearch, and your partner has the other half. To complete it, pick a number and a letter and say them to your partner. If he or she has a letter in the corresponding space, he or she must tell you. Write down the letter your partner tells you in the corresponding space and go again. If there is no letter in the space you asked about, your partner should say **cero** and take a turn. Follow the model and continue until you have all six words. The words can be read horizontally, diagonally, or vertically. You start.

> **modelo**
>
> **Estudiante 2:** 8D
> **Estudiante 1:** *cero.* 10E
> **Estudiante 2:** jota
> *You write down* J *in box* 10E *and play on.*

Clue: All six words are connected.

	1	2	3	4	5	6	7	8	9	10	11
A	C										
B		O				C			P		
C			M			A			A		
D				P		P			S		
E					U	I			A		
F						T			J		
G						A	A		E		
H						L		D	R		
I									O		
J										R	
K											A

Now that you have the six words, group them in these three categories. Compare your results with your partner's.

Personas	**Cosas**	**Lugares** (*places*)
_____	_____	_____
_____	_____	_____

information gap activity

Estudiante 2

Sopa de letras (*Wordsearch*) You have half of the words in the wordsearch, and your partner has the other half. To complete it, pick a number and a letter and say them to your partner. If he or she has a letter in the corresponding space, he or she must tell you. Write down the letter your partner tells you in the corresponding space and go again. If there is no letter in the space you asked about, your partner should say **cero** and take a turn. Follow the model and continue until you have all six words. The words can be read horizontally, diagonally, or vertically. Your partner starts.

> *modelo*
>
> **Estudiante 2:** 8D
> **Estudiante 1:** cero. 10E
> **Estudiante 2:** jota
> *You write down J in box 10E and play on.*

Clue: All six words are connected.

	1	2	3	4	5	6	7	8	9	10	11
A	C	O	N	D	U	C	T	O	R		
B	U										
C	A										
D	D										
E	E										
F	R										
G	N										
H	O										
I											
J											
K				E	S	C	U	E	L	A	

Now that you have the six words, group them in these three categories. Compare your results with your partner's.

Personas	**Cosas**	**Lugares** (*places*)
_____	_____	_____
_____	_____	_____

information gap activity

Lección 1

Estudiante 1

¿Qué hora es? You and your partner each have half of the information you need to complete this chart. To complete your charts, ask and answer questions about what time it is now in other cities and capitals of the world. You will provide your partner with the times he or she needs, and you should fill in the empty spaces on your chart with the times provided by your partner. Follow the model. You begin; start with San Francisco and continue downwards.

> **modelo**
>
> **Estudiante 1:** ¿Qué hora es ahora en Madrid?
> **Estudiante 2:** Ahora son las cinco de la tarde en Madrid.
> *(You write down* 5:00 p.m. *next to* Madrid.*)*
> **Estudiante 2:** ¿Qué hora es ahora en Atenas?
> **Estudiante 1:** Son…

Ciudad	¿Qué hora es?
San Francisco	
la Ciudad de México	10:00 a.m.
Toronto	
Quito	11:00 a.m.
Buenos Aires	
Londres (*London*)	4:00 p.m.
Madrid	5:00 p.m.
Atenas (*Athens*)	6:00 p.m.
Moscú (*Moscow*)	
Nairobi	7:00 p.m.
Nueva Delhi	
Tokio	1:00 a.m.
Sydney	

Now, answer these questions and compare your answers with your partner's. Answer in complete sentences and write out the words for the numbers.

1. Son las 8:15 p.m. en Nairobi. ¿Qué hora es en Sydney?

_____

2. Son las 6:45 a.m. en Toronto. ¿Qué hora es en Londres?

_____

3. Son las 5:20 p.m. en Moscú. ¿Qué hora es en la Ciudad de México?

_____

4. Son las 9:55 p.m. en Tokio. ¿Qué hora es en Atenas?

_____

5. Son las 11:10 a.m. en Quito. ¿Qué hora es en San Francisco?

_____

information gap activity

Estudiante 2

¿Qué hora es? You and your partner each have half of the information you need to complete this chart. To complete your charts, ask and answer questions about what time it is now in other cities and capitals of the world. You will provide your partner with the times he or she needs, and you should fill in the empty spaces on your chart with the times provided by your partner. Follow the model. Your partner begins; start with San Francisco and continue downwards.

> **modelo**
>
> **Estudiante 1:** ¿Qué hora es ahora en Madrid?
> **Estudiante 2:** Ahora son las cinco de la tarde en Madrid.
> *(You write down* 5:00 p.m. *next to* Madrid.)
> **Estudiante 2:** ¿Qué hora es ahora en Atenas?
> **Estudiante 1:** Son...

Ciudad	¿Qué hora es?
San Francisco	8:00 a.m.
la Ciudad de México	
Toronto	11:00 a.m.
Quito	
Buenos Aires	1:00 p.m.
Londres (*London*)	
Madrid	5:00 p.m.
Atenas (*Athens*)	
Moscú (*Moscow*)	7:00 p.m.
Nairobi	
Nueva Delhi	9:30p.m.
Tokio	
Sydney	3:00 a.m.

Now, answer these questions and compare your answers with your partner's. Answer in complete sentences and write out the words for the numbers.

1. Son las 8:15 p.m. en Nairobi. ¿Qué hora es en Sydney?

_____

2. Son las 6:45 a.m. en Toronto. ¿Qué hora es en Londres?

_____

3. Son las 5:20 p.m. en Moscú. ¿Qué hora es en la Ciudad de México?

_____

4. Son las 9:55 p.m. en Tokio. ¿Qué hora es en Atenas?

_____

5. Son las 11:10 a.m. en Quito. ¿Qué hora es en San Francisco?

_____

information gap activity

Estudiante 1

6 **¿A qué distancia...?** (student text p. 59) You and your partner have incomplete charts that indicate the distances between Madrid and various locations. Fill in the missing information on your chart by asking your partner questions.

> **modelo**
>
> **Estudiante 1:** ¿A qué distancia está Arganda del Rey?
> **Estudiante 2:** Está a veintisiete kilómetros de Madrid.

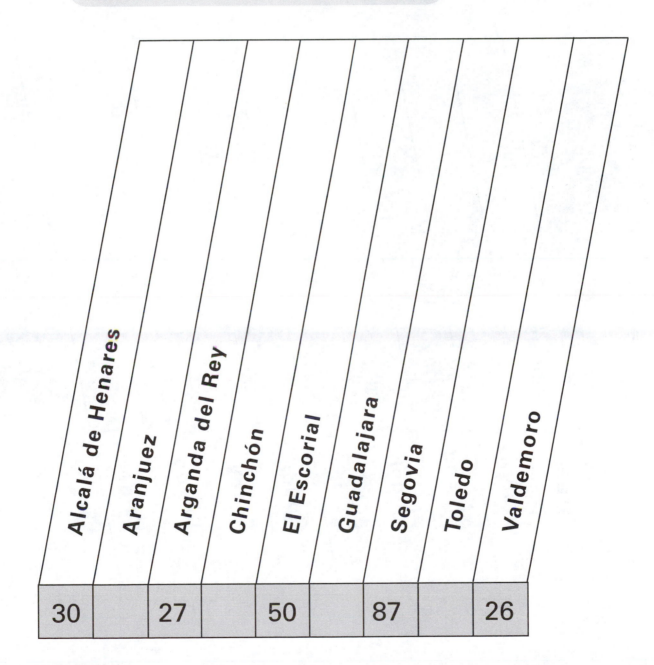

Alcalá de Henares	Aranjuez	Arganda del Rey	Chinchón	El Escorial	Guadalajara	Segovia	Toledo	Valdemoro
30		27		50		87		26

information gap activity

Lección 2

Estudiante 2

6 **¿A qué distancia...?** (student text p. 59) You and your partner have incomplete charts that indicate the distances between Madrid and various locations. Fill in the missing information on your chart by asking your partner questions.

> **modelo**
>
> **Estudiante 1:** ¿A qué distancia está Arganda del Rey?
> **Estudiante 2:** Está a veintisiete kilómetros de Madrid.

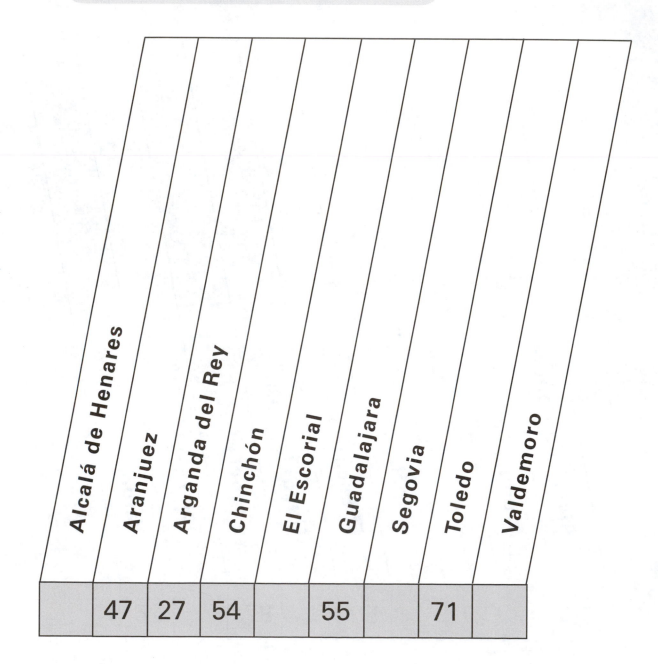

Alcalá de Henares	Aranjuez	Arganda del Rey	Chinchón	El Escorial	Guadalajara	Segovia	Toledo	Valdemoro
47	27	54		55		71		

information gap activity

Estudiante 1

¿Quién es Pedro? Complete the information about Pedro. Your partner has the information you are missing. Using the cues you see, ask him or her the correct questions and give him or her answers in complete sentences. Follow the model. Take notes in both the **Preguntas** column and the **Respuestas** column, because you will have to reconstruct all the information at the end. You start.

> **modelo**
>
> **Estudiante 1 sees:** ¿Quién (ser) Pedro?
> **Estudiante 2 sees:** estudiante/ciencias/periodismo
> **Estudiante 1 says:** ¿Quién es Pedro?
> **Estudiante 2 says:** Pedro es un estudiante de ciencias y periodismo.

Preguntas	Respuestas
1. ¿Quién (ser) Pedro?	
2.	Pedro Raúl Vidal Ruiz
3. ¿De dónde (ser) Pedro?	
4.	Universidad/Sevilla/España
5. ¿Cuántas materias (tomar) en un semestre y cuáles (ser)?	
6.	física/química
7. ¿Qué clases (tomar) los martes y los jueves?	
8.	7:30
9. ¿Cuántos estudiantes (haber) en la clase de química?	
10.	68
11. ¿Dónde (desayunar)?	
12.	residencia estudiantil/6:30/tarde
13. ¿A qué hora (regresar) a la residencia estudiantil?	
14.	laboratorio/universidad
15. ¿Quién (ser) Miguel?	
16.	Julián Gutiérrez
17. ¿Dónde (practicar) español?	
18.	librería/universidad
19. ¿Cuándo (escuchar) música?	
20.	no/domingos/descansar

Now, write down everything you have learned about Pedro on a separate sheet of paper.

information gap activity   Lección 2

Estudiante 2

¿Quién es Pedro? Complete the information about Pedro. Your partner has the information you are missing. Using the cues you see, ask him or her the correct questions and give him or her answers in complete sentences. Follow the model. Take notes in both the **Preguntas** column and the **Respuestas** column, because you will have to reconstruct all the information at the end. Your partner starts.

modelo

Estudiante 1 sees: ¿Quién (ser) Pedro?
Estudiante 2 sees: estudiante/ciencias/periodismo
Estudiante 1 says: ¿Quién es Pedro?
Estudiante 2 says: Pedro es un estudiante de ciencias y periodismo.

Preguntas	Respuestas
1.	estudiante/ciencias/periodismo
2. ¿Cuál (ser) el nombre completo?	
3.	California/Estados Unidos
4. ¿Dónde (estudiar)?	
5.	cuatro/física/química/sociología/español
6. ¿Qué clases (tomar) los lunes y los miércoles?	
7.	sociología/español
8. ¿A qué hora (llegar) a la universidad por la mañana?	
9.	93
10. ¿Cuántos estudiantes (haber) en la clase de sociología?	
11.	cafetería/universidad
12. ¿Dónde (cenar) y a qué hora?	
13.	6/tarde
14. ¿Dónde (preparar) Pedro la tarea de química?	
15.	compañero cuarto/Pedro
16. ¿Cómo (llamarse) el profesor de español?	
17.	laboratorio/lenguas extranjeras
18. ¿Dónde (comprar) los libros?	
19.	sábados/domingos
20. ¿(Estudiar) los domingos?	

Now, write down everything you have learned about Pedro on a separate sheet of paper.

information gap activity

Lección 3

Estudiante 1

6 | **Diferencias** (student text p. 82) You and your partner each have a drawing of a family. Find the six differences between your picture and your partner's.

> **modelo**
>
> **Estudiante 1:** La madre es rubia.
> **Estudiante 2:** No, la madre es morena.

information gap activity

Lección 3

Estudiante 2

6 **Diferencias** (student text p. 82) You and your partner each have a drawing of a family. Find the six differences between your picture and your partner's.

> **modelo**
>
> **Estudiante 1:** La madre es rubia.
>
> **Estudiante 2:** No, la madre es morena.

information gap activity

Estudiante 1

6 **Horario** (student text p. 89) You and your partner each have incomplete versions of Alicia's schedule. Fill in the missing information on the schedule by talking to your partner. Be prepared to reconstruct Alicia's complete schedule with the class.

> **modelo**
>
> **Estudiante 1:** A las ocho, Alicia corre.
> **Estudiante 2:** ¡Ah, sí! (*Writes down information*)
> **Estudiante 2:** A las nueve, ella ...

Mi agenda
20 de octubre

8:00 correr

9:00

9:30 deber ir (*go*) a la universidad

10:00

11:00

12:30 comer en la cafetería con Roberto y Luis

2:00 recibir y escribir correo electrónico (*e-mail*)

3:00

4:00 leer en la biblioteca

5:00

8:00 deber estar en casa y estudiar

Now compare your own daily planners to Alicia's.

information gap activity

Estudiante 2

6 **Horario** (student text p. 89) Your and your partner each have incomplete versions of Alicia's schedule. Fill in the missing information on the schedule by talking to your partner. Be prepared to reconstruct Alicia's complete schedule with the class.

> **modelo**
>
> **Estudiante 1:** A las *ocho*, Alicia *corre*.
> **Estudiante 2:** ¡Ah, sí! (*Writes down information*)
> **Estudiante 2:** A las *nueve*, ella …

Mi agenda
20 de octubre

8:00	
9:00	desayunar
9:30	
10:00	asistir a la clase de historia
11:00	asistir a la clase de arte
12:30	
2:00	
3:00	Compartir el libro de historia con Margarita en la biblioteca
4:00	
5:00	Cenar en un restaurante con Marcos
8:00	

Now compare your own daily planners to Alicia's.

information gap activity

Lección 4

Estudiante 1

¿Qué vas a hacer (*to do*)? Plan a weekend for yourself from the options provided. Pick one activity for each time frame, and write **yo** on the line provided. Then, interview your partner; answer his or her questions about your plans, and ask questions about what he or she will do this weekend. If you guess incorrectly, it is your partner's turn. If you guess correctly, write your partner's name below the image and make your guess for the next time frame. You start.

modelo

Estudiante 1: ¿Qué vas a hacer el viernes por la noche?
¿Vas a ir a un partido de baloncesto de la NBA?

Estudiante 2: No, no voy a ir a un partido de baloncesto de la NBA. (*If he or she didn't mark it*)
Sí, voy a ir a un partido de baloncesto de la NBA. (*If he or she marked it*)

El **viernes** por la tarde				
El **sábado** por la mañana				
El **sábado** por la tarde				
El **domingo** por la mañana				
El **domingo** por la tarde				

Now, answer these questions.

1. What is your partner going to do for the weekend?

_____

2. Did you both choose the same activities? If so, which ones?

_____

information gap activity

Estudiante 2

¿Qué vas a hacer (*to do*)? Plan a weekend for yourself from the options provided. Pick one activity for each time frame, and write **yo** on the line provided. Then, interview your partner; answer his or her questions about your plans, and ask questions about what he or she will do this weekend. If you guess incorrectly, it is your partner's turn. If you guess correctly, write your partner's name below the image and make your guess for the next time frame. Your partner starts.

> **modelo**
>
> **Estudiante 1:** ¿Qué vas a hacer el viernes por la noche?
> ¿Vas a ir a un partido de baloncesto de la NBA?
>
> **Estudiante 2:** No, no voy a ir a un partido de baloncesto de la NBA. (*If he or she didn't mark it*)
> Sí, voy a ir a un partido de baloncesto de la NBA. (*If he or she marked it*)

El viernes por la tarde				
El sábado por la mañana				
El sábado por la tarde				
El domingo por la mañana				
El domingo por la tarde				

Now, answer these questions.

1. What is your partner going to do for the weekend?

_____

2. Did you both choose the same activities? If so, which ones?

_____

information gap activity

Estudiante 1

6 **Situación** (student text p. 118) You and your partner each have a partially illustrated itinerary of a city tour. Complete the itineraries by asking each other questions using the verbs in the captions and vocabulary you have learned.

modelo

Estudiante 1: Por la mañana, empiezan en el café.
Estudiante 2: Y luego . . .

Más vocabulario

después *afterwards*	**por la mañana** *in the morning*
luego *later*	**por la noche** *at night*
más tarde *later*	**por la tarde** *in the afternoon*

empezar		**querer**
	almorzar	
mostrar		**volver**

information gap activity

Lección 4

Estudiante 2

6 **Situación** (student text p. 118) You and your partner each have a partially illustrated itinerary of a city tour. Complete the itineraries by asking each other questions using the verbs in the captions and vocabulary you have learned.

modelo

Estudiante 1: Por la mañana, empiezan en el café.
Estudiante 2: Y luego . . .

Más vocabulario

después *afterwards*	por la mañana *in the morning*
luego *later*	por la noche *at night*
más tarde *later*	por la tarde *in the afternoon*

poder

preferir

perder

contar historias

information gap activity   Lección 5

Estudiante 1

14 **Un viaje** (student text p. 141) You are planning a trip to Mexico and have many questions about your itinerary on which your partner, a travel agent, will advise you. You and your partner each have a handout with different instructions for acting out the roles.

Cliente/a

You have an appointment to meet with your travel agent to discuss your upcoming vacation to Mexico. You want to arrive on Monday, March 6 and return on Saturday, March 11. Your ideal destination offers a wide range of daytime and nighttime activities, a warm and sunny climate, and nice beaches. Look at the map and ask your travel agent questions to find out about places that interest you.

> **Vocabulario útil**
>
> ¿Qué tiempo hace en...?
> Mis preferencias son...
> Mis actividades favoritas son...
> Las fechas del viaje son...

information gap activity

Lección 5

Estudiante 2

14 **Un viaje** (student text p. 141) You are planning a trip to Mexico and have many questions about your itinerary on which your partner, a travel agent, will advise you. You and your partner each have a handout with different instructions for acting out the roles.

Agente

You are a travel agent who is meeting with a client about his or her upcoming vacation to Mexico. Look at the map in order to answer your client's questions about the weather and activities at places he or she might want to visit. After your client has made his or her decisions, record his or her vacation plans and other pertinent information on your office form.

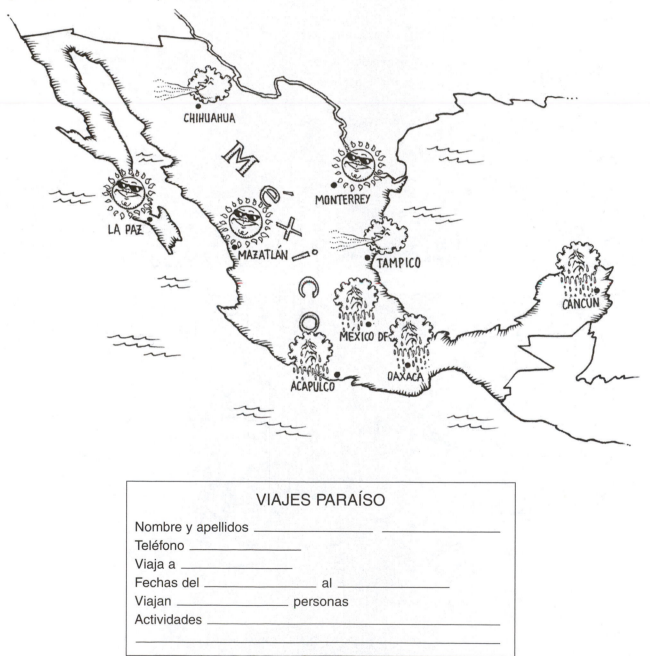

VIAJES PARAÍSO

Nombre y apellidos _____ _____

Teléfono _____

Viaja a _____

Fechas del _____ al _____

Viajan _____ personas

Actividades _____

_____

information gap activity

Lección 5

Estudiante 1

7 **¿Qué están haciendo?** (student text p. 151) A group of classmates is traveling to San Juan, Puerto Rico for a week-long Spanish immersion program. The participants are running late before the flight, and you and your partner must locate them. You and your partner each have different handouts that will help you do this.

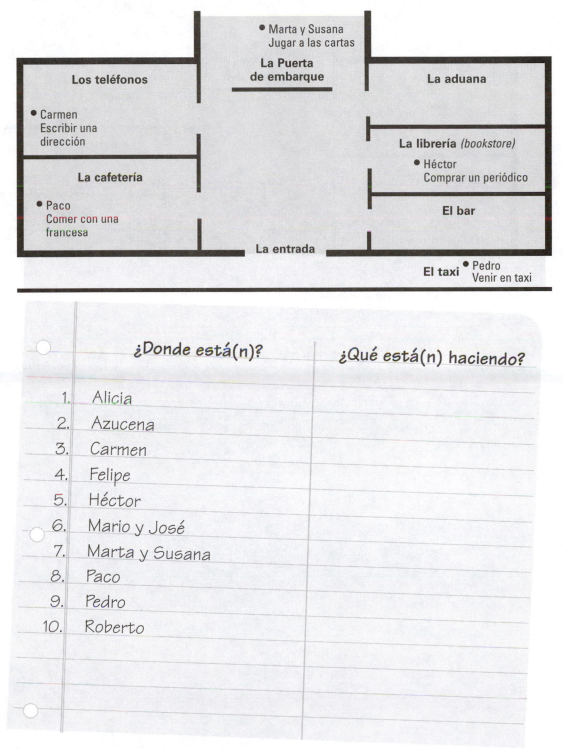

	¿Donde está(n)?	¿Qué está(n) haciendo?
1. Alicia		
2. Azucena		
3. Carmen		
4. Felipe		
5. Héctor		
6. Mario y José		
7. Marta y Susana		
8. Paco		
9. Pedro		
10. Roberto		

information gap activity

Lección 5

Estudiante 2

7 **¿Qué están haciendo?** (student text p. 151) A group of classmates is traveling to San Juan, Puerto Rico for a week-long Spanish immersion program. The participants are running late before the flight, and you and your partner must locate them. You and your partner each have different handouts that will help you do this.

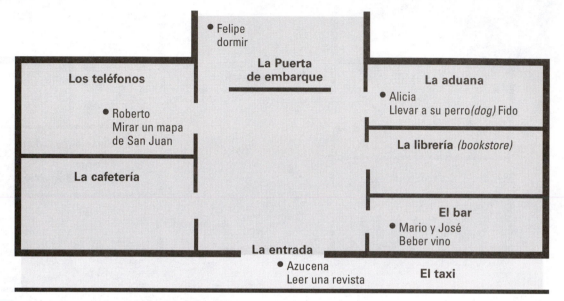

¿Donde está(n)?	¿Qué está(n) haciendo?
1. Alicia	
2. Azucena	
3. Carmen	
4. Felipe	
5. Héctor	
6. Mario y José	
7. Marta y Susana	
8. Paco	
9. Pedro	
10. Roberto	

information gap activity

Lección 6

Estudiante 1

5 **El fin de semana** (student text p. 187) You and your partner each have different incomplete charts about what four employees at **Almacén Gigante** did last weekend. After you fill out the chart based on each other's information, you will fill out the final column about your partner. Remember to use the preterite tense.

Vocabulario útil

abrir	comprar	leer	trabajar
acampar	correr	llegar	vender
bailar	escribir	mirar	ver
beber	hablar	oír	viajar
comer	jugar	tomar	volver

	Margarita	Pablo y Ramón	Señora Zapata	Mi compañero/a
El viernes por la noche				
El sábado por la mañana				
El sábado por la noche				
El domingo				

information gap activity

Estudiante 2

5 **El fin de semana** (student text p. 187) You and your partner each have different incomplete charts about what four employees at **Almacén Gigante** did last weekend. After you fill out the chart based on each other's information, you will fill out the final column about your partner. Remember to use the preterite tense.

Vocabulario útil

abrir	comprar	leer	trabajar
acampar	correr	llegar	vender
bailar	escribir	mirar	ver
beber	hablar	oír	viajar
comer	jugar	tomar	volver

	Margarita	Pablo y Ramón	Señora Zapata	Mi compañero/a
El viernes por la noche				
El sábado por la mañana				
El sábado por la noche				
El domingo				

information gap activity

Lección 6

Estudiante 1

6 **Diferencias** (student text p. 191) You and your and a partner each have a drawing of a department store. They are almost identical, but not quite. Use demonstrative adjectives and pronouns to find seven differences.

modelo

> **Estudiante 1:** Aquellos lentes de sol son feos, ¿verdad?
> **Estudiante 2:** No. Aquellos lentes de sol son hermosos.

information gap activity

Estudiante 2

6 **Diferencias** (student text p. 191) You and your partner each have a drawing of a department store. They are almost identical, but not quite. Use demonstrative adjectives and pronouns to find seven differences.

> **modelo**
>
> **Estudiante 1:** Aquellos lentes de sol son feos, ¿verdad?
> **Estudiante 2:** No. Aquellos lentes de sol son hermosos.

information gap activity   Lección 7

Estudiante 1

7 **La familia ocupada** (student text p. 213) Tú y tu compañero/a asisten a un programa de verano en Lima, Perú. Viven con la familia Ramos. Tienes la rutina incompleta que la familia sigue en las mañanas. Trabaja con tu compañero/a para completarla.

> **modelo**
> **Estudiante 1:** ¿Qué hace el señor Ramos a las seis y cuarto?
> **Estudiante 2:** El señor Ramos se levanta.

	El Sr. Ramos	La Sra. Ramos	Pepito y Pablo	Sara y nosotros/as
6:15		levantarse	dormir	
6:30	ducharse	peinarse		dormir
6:45			dormir	
7:00	despertar a Sara	maquillarse		
7:15			levantarse	peinarse
7:30	desayunar		bañarse	
7:45	lavar los platos			desayunar
8:00		irse con Pepito y Pablo		ir al campamento de verano (summer camp)
8:15	ir al trabajo		jugar con su primo	

information gap activity

Estudiante 2

7 **La familia ocupada** (student text p. 213) Tú y tu compañero/a asisten a un programa de verano en Lima, Perú. Viven con la familia Ramos. Tienes la rutina incompleta que la familia sigue en las mañanas. Trabaja con tu compañero/a para completarla.

> **modelo**
>
> **Estudiante 1:** ¿Qué hace el señor Ramos a las seis y cuarto?
> **Estudiante 2:** El señor Ramos se levanta.

	El Sr. Ramos	La Sra. Ramos	Pepito y Pablo	Sara y nosotros/as
6:15	levantarse			dormir
6:30			dormir	
6:45	afeitarse	ducharse		dormir
7:00			dormir	levantarse
7:15	preparar el café	despertar a Pepito y a Pablo		
7:30		bañar a Pepito y a Pablo		ducharse
7:45		desayunar	desayunar	
8:00	llevar a Sara y a nosotros/as al campamento de verano (summer camp)		irse con su mamá	
8:15		visitar a su hermana		nadar

information gap activity

Estudiante 1

6 **La residencia** (student text p. 223) Tú y tu compañero/a de clase son los directores de una residencia estudiantil en Perú. Cada uno de ustedes tiene las descripciones de cinco estudiantes. Con la información tienen que escoger (*choose*) quiénes van a ser compañeros de cuarto. Después, completen la lista.

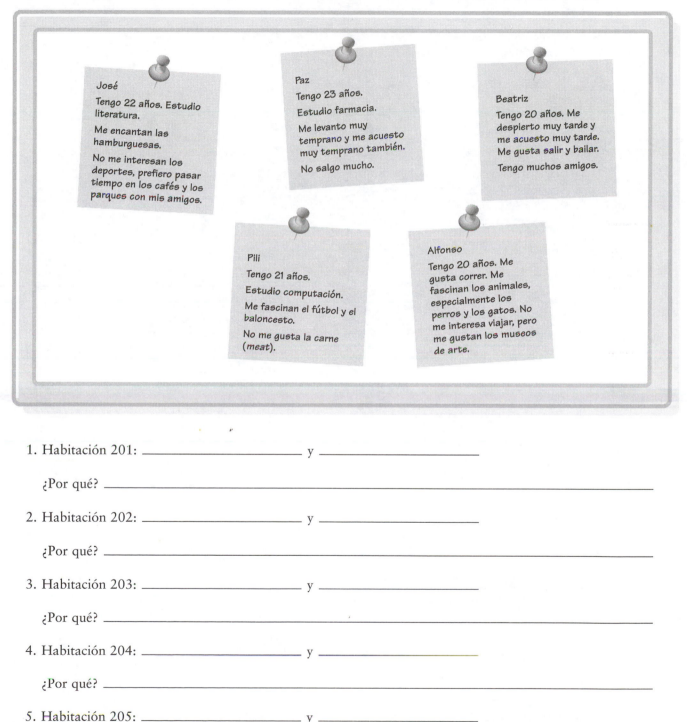

1. Habitación 201: _____ y _____

   ¿Por qué? _____

2. Habitación 202: _____ y _____

   ¿Por qué? _____

3. Habitación 203: _____ y _____

   ¿Por qué? _____

4. Habitación 204: _____ y _____

   ¿Por qué? _____

5. Habitación 205: _____ y _____

   ¿Por qué? _____

information gap activity   Lección 7

Estudiante 2

6 **La residencia** (student text p. 223) Tú y tu compañero/a de clase son los directores de una residencia estudiantil en Perú. Cada uno de ustedes tiene las descripciones de cinco estudiantes. Con la información tienen que escoger (*choose*) quiénes van a ser compañeros de cuarto. Después, completen la lista.

Enrique

Tengo 24 años. Estudio literatura española. Me aburren los deportes, pero me encanta el cine.

Me gusta ir a los cafés.

Estela

Tengo 22 años.

Me encantan todos los deportes. Corro todas las mañanas. Por eso, me levanto muy temprano.

Alicia

Tengo 24 años. Estudio biología y química. Quiero ser médica. Estudio mucho y no duermo mucho. Me levanto muy temprano y me acuesto muy tarde.

No salgo mucho con mis amigos.

Jorge

Me encantan los animales. Tengo dos perros. Estudio biología. Me gusta leer, viajar y visitar los museos. No duermo mucho. Siempre me acuesto tarde.

Claudia

Tengo 23 años. Quiero ser profesora de español. Me encanta viajar. Me gusta salir con mis amigos y hablar de las culturas extranjeras. Pero me molestan los perros.

1. Habitación 201: _____ y _____

   ¿Por qué? _____

2. Habitación 202: _____ y _____

   ¿Por qué? _____

3. Habitación 203: _____ y _____

   ¿Por qué? _____

4. Habitación 204: _____ y _____

   ¿Por qué? _____

5. Habitación 205: _____ y _____

   ¿Por qué? _____

information gap activity

Lección 8

Estudiante 1

10 **Crucigrama** (*Crossword puzzle*) (student text p. 239) Tú y tu compañero/a tienen un crucigrama incompleto. Tú tienes las palabras que necesita tu compañero/a y él/ella tiene las palabras que tú necesitas. Tienen que darse pistas (*clues*) para completarlo. No pueden decir la palabra necesaria; deben utilizar definiciones, ejemplos y frases incompletas.

> **modelo**
> **13 vertical:** Es un condimento que normalmente viene con la sal.
> **10 horizontal:** Es una fruta amarilla.

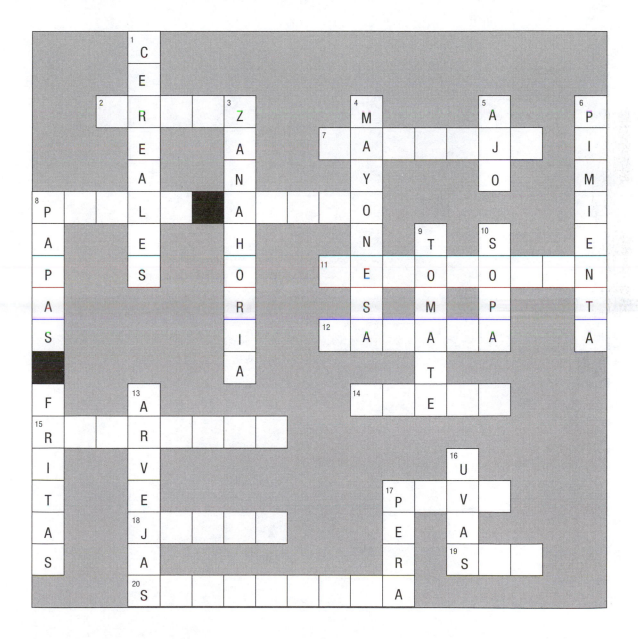

information gap activity

Lección 8

Estudiante 2

10   **Crucigrama (*Crossword puzzle*)** (student text p. 239) Tú y tu compañero/a tienen un crucigrama incompleto. Tú tienes las palabras que necesita tu compañero/a y él/ella tiene las palabras que tú necesitas. Tienen que darse pistas (*clues*) para completarlo. No pueden decir la palabra necesaria; deben utilizar definiciones, ejemplos y frases incompletas.

> **modelo**
> **6 vertical:** Es un condimento que normalmente viene con la sal.
> **12 horizontal:** Es una fruta amarilla.

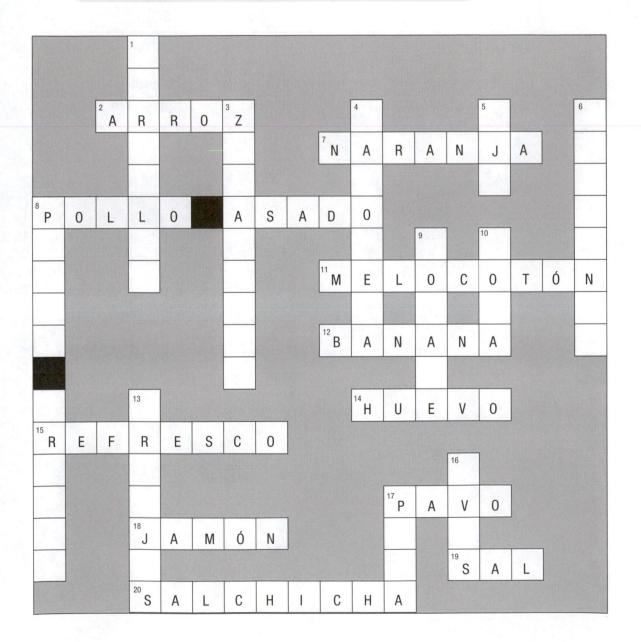

information gap activity

Estudiante 1

5 **Regalos de Navidad** (student text p. 250) Tú y tu compañero/a tienen una parte de la lista de los regalos de Navidad (*Christmas gifts*) que Berta pidió y los regalos que sus parientes le compraron. Conversen para completar sus listas.

> **modelo**
>
> **Estudiante 1:** ¿Qué le pidió Berta a su mamá?
> **Estudiante 2:** Le pidió una computadora. ¿Se la compró?
> **Estudiante 1:** Sí, se la compró.

	Lo que Berta pidió	Lo que sus parientes le compraron
1.	a su mamá:	su mamá: una computadora
2.	a su papá: un estéreo	su papá:
3.	a su abuelita: una bicicleta	su abuelita:
4.	a su tío Samuel:	su tío Samuel: una mochila
5.	a su hermano Raúl:	su hermano Raúl: zapatos de tenis
6.	a su hermanastra: zapatos de tenis	su hermanastra:
7.	a sus tíos Juan y Rebeca: sandalias	sus tíos Juan y Rebeca:
8.	a su prima Nilda:	su prima Nilda: un sombrero

information gap activity

Estudiante 2

5 **Regalos de Navidad** (student text p. 250) Tú y tu compañero/a tienen una parte de la lista de los regalos de Navidad (*Christmas gifts*) que Berta pidió y los regalos que sus parientes le compraron. Conversen para completar sus listas.

> **modelo**
> **Estudiante 1:** ¿Qué le pidió Berta a su mamá?
> **Estudiante 2:** Le pidió una computadora. ¿Se la compró?
> **Estudiante 1:** Sí, se la compró.

	Lo que Berta pidió	Lo que sus parientes le compraron
1.	a su mamá: una computadora	su mamá:
2.	a su papá:	su papá: un radio
3.	a su abuelita:	su abuelita: un suéter
4.	a su tío Samuel: una mochila	su tío Samuel:
5.	a su hermano Raúl: una blusa	su hermano Raúl:
6.	a su hermanastra:	su hermanastra: sandalias
7.	a sus tíos Juan y Rebeca:	sus tíos Juan y Rebeca: un libro
8.	a su prima Nilda: una camisa	su prima Nilda:

information gap activity

Lección 9

Estudiante 1

3 **Quinceañera** (student text p. 285) Trabaja con un(a) compañero/a. Tu compañero/a es el/la director(a) del salón de fiestas "Renacimiento". Tú eres el padre/la madre de Ana María, y quieres hacer la fiesta de quinceañera de tu hija sin gastar más de $25 por invitado/a. Aquí tienes la mitad (*half*) de la información necesaria para confirmar la reservación; tu compañero/a tiene la otra mitad.

> **modelo**
>
> **Estudiante 1:** ¿Cuánto cuestan los entremeses?
> **Estudiante 2:** Depende. Puede escoger champiñones por 50 centavos o camarones por dos dólares.
> **Estudiante 1:** ¡Uf! A mi hija le gustan los camarones, pero son muy caros.
> **Estudiante 2:** Bueno, también puede escoger quesos por un dólar por invitado.

Número de invitados: 200

Comidas: queremos una variedad de comida para los vegetarianos y los no vegetarianos

Presupuesto (*budget*): máximo $25 por invitado

Otras preferencias: ¿posible traer mariachis?

	Opción 1	Opción 2
Entremeses		
Primer plato (*opcional*)		
Segundo plato (*opcional*)		
Carnes y pescados		
Verduras		
Postres		
Bebidas		
Total $		

information gap activity

Estudiante 2

3 **Quinceañera** (student text p. 285) Trabaja con un(a) compañero/a. Tú eres el/la director(a) del salón de fiestas "Renacimiento". Tu compañero/a es el padre/la madre de Ana María, quien quiere hacer la fiesta de quinceañera de su hija sin gastar más de $25 por invitado/a. Aquí tienes la mitad (*half*) de información necesaria para confirmar la reservación.

> *modelo*
>
> **Estudiante 1:** ¿Cuánto cuestan los entremeses?
> **Estudiante 2:** Depende. Puede escoger champiñones por 50 centavos o camarones por dos dólares.
> **Estudiante 1:** ¡Uf! A mi hija le gustan los camarones, pero son muy caros.
> **Estudiante 2:** Bueno, también puede escoger quesos por un dólar por invitado.

Salón de fiestas "Renacimiento"

Número de invitados: _____

Otras preferencias: _____

Presupuesto: $_____ por invitado

Menú

Entremeses	Champiñones: $0,50 por invitado	Camarones: $2 por invitado	Quesos: $1 por invitado	Verduras frescas: $0,50 por invitado
Primer plato	Sopa de cebolla: $1 por invitado	Sopa del día: $1 por invitado	Sopa de verduras: $1 por invitado	
Segundo plato	Ensalada mixta: $2 por invitado	Ensalada César: $3 por invitado		
Carnes y pescados	Bistec: $10 por invitado	Langosta: $15 por invitado	Pollo asado: $7 por invitado	Salmón: $12 por invitado
Verduras	Maíz, arvejas: $1 por invitado	Papa asada, papas fritas: $1 por invitado	Arroz: $0,50 por invitado	Zanahorias, espárragos: $1,50 por invitado
Postres	Pastel: $2 por invitado	Flan: $1 por invitado	Helado: $0,50 por invitado	Frutas frescas, pasteles y galletas: $2 por invitado
Bebidas	Champán: $3 por invitado	Vinos, cerveza: $4 por invitado	Café, té: $0,50 por invitado	Refrescos: $1 por invitado

Precio total $ _____

information gap activity

Lección 9

Estudiante 1

2   **Compartir** (student text p. 287) En parejas, hagan preguntas para saber dónde está cada una de las personas en el dibujo. Ustedes tienen dos versiones diferentes de la ilustración. Al final (*end*) deben saber dónde está cada persona.

modelo

> **Estudiante 1:** ¿Quién está al lado de Óscar?
> **Estudiante 2:** Alfredo está al lado de él.

Alfredo	Dolores	Graciela	Raúl
Sra. Blanco	Enrique	Leonor	Rubén
Carlos	Sra. Gómez	Óscar	Yolanda

a la derecha de	delante de
a la izquierda de	detrás de
al lado de	en medio de

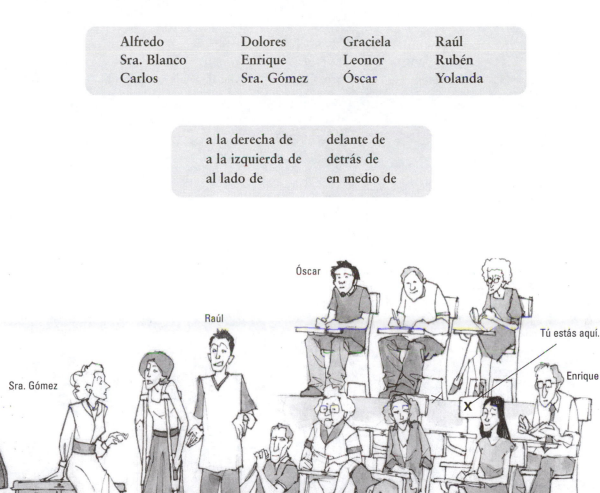

information gap activity

Estudiante 2

2 **Compartir** (student text p. 287) En parejas, hagan preguntas para saber dónde está cada una de las personas en el dibujo. Ustedes tienen dos versiones diferentes de la ilustración. Al final (*end*) deben saber dónde está cada persona.

> **modelo**
>
> **Estudiante 1:** ¿Quién está al lado de Óscar?
> **Estudiante 2:** Alfredo está al lado de él.

Alfredo	Dolores	Graciela	Raúl
Sra. Blanco	Enrique	Leonor	Rubén
Carlos	Sra. Gómez	Óscar	Yolanda

a la derecha de	delante de
a la izquierda de	detrás de
al lado de	en medio de

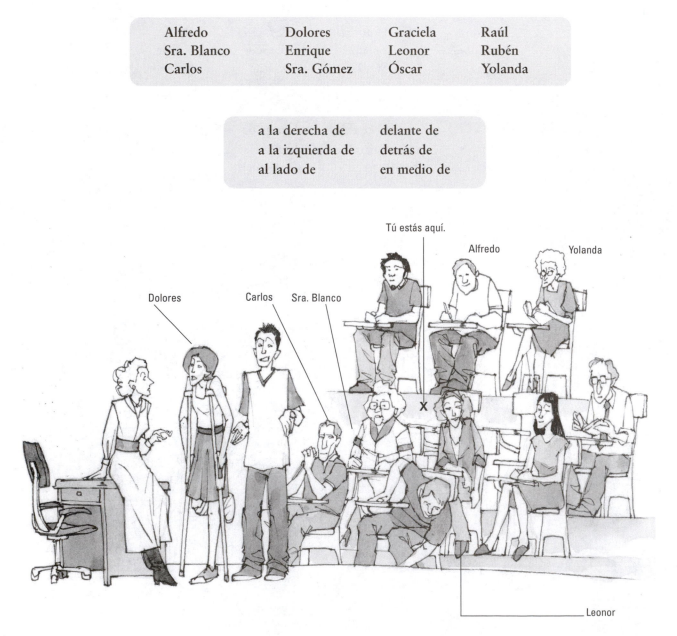

information gap activity

Lección 10

Estudiante 1

8 **Crucigrama (*Crossword puzzle*)** (student text p. 301) Tú y tu compañero/a tienen un crucigrama incompleto. Tú tienes las palabras que necesita tu compañero/a y él/ella tiene las palabras que tú necesitas. Tienen que darse pistas (*clues*) para completarlo. No pueden decir la palabra necesaria; deben utilizar definiciones, ejemplos y frases incompletas.

> **modelo**
> **10 horizontal:** La usamos para hablar.
> **14 vertical:** Es el médico que examina los dientes.

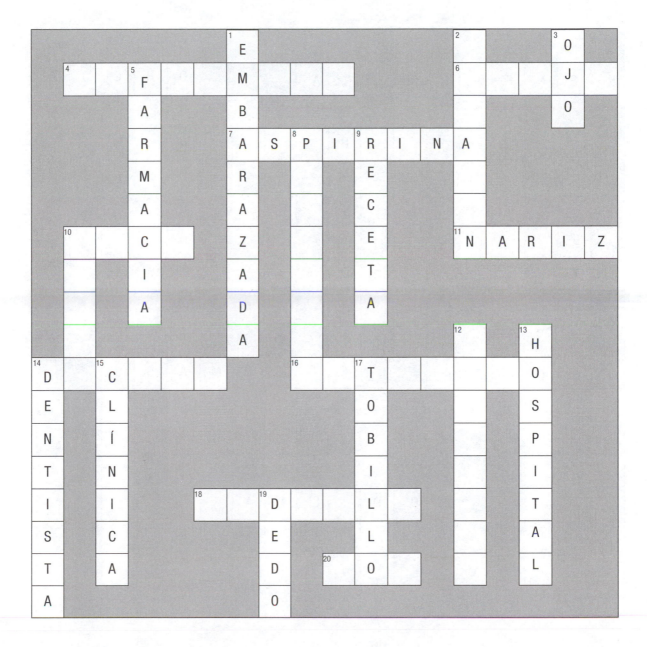

information gap activity

Lección 10

Estudiante 2

8 **Crucigrama (*Crossword puzzle*)** (student text p. 301) Tú y tu compañero/a tienen un crucigrama incompleto. Tú tienes las palabras que necesita tu compañero/a y él/ella tiene las palabras que tú necesitas. Tienen que darse pistas (*clues*) para completarlo. No pueden decir la palabra necesaria; deben utilizar definiciones, ejemplos y frases incompletas.

> **modelo**
>
> **10 horizontal:** La usamos para hablar.
> **14 vertical:** Es el médico que examina los dientes.

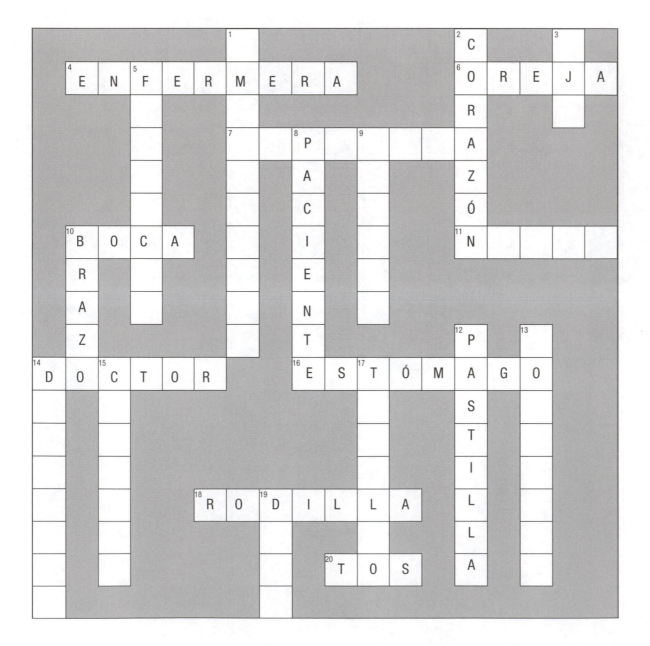

information gap activity

Lección 10

Estudiante 1

6 **En el consultorio** (student text p. 309) Tú y tu compañero/a tienen una lista incompleta con los pacientes que fueron al consultorio del doctor Donoso ayer. En parejas, conversen para completar sus listas y saber a qué hora llegaron las personas al consultorio y cuáles eran sus problemas.

Hora	Persona	Problema
9:15	La Sra. Talavera	dolor de cabeza
	Eduardo Ortiz	
	Mayela Guzmán	
10:30	El Sr. Gonsalves	dolor de oído
	La profesora Hurtado	
3:00	Ramona Reséndez	nerviosa
	La Srta. Solís	
4:30	Los Sres. Jaramillo	tos

information gap activity

Lección 10

Estudiante 2

6 **En el consultorio** (student text p. 309) Tú y tu compañero/a tienen una lista incompleta con los pacientes que fueron al consultorio del doctor Donoso ayer. En parejas, conversen para completar sus listas y saber a qué hora llegaron las personas al consultorio y cuáles eran sus problemas.

Hora	Persona	Problema
	La Sra. Talavera	
9:45	Eduardo Ortiz	dolor de estómago
10:00	Mayela Guzmán	congestionada
	El Sr. Gonsalves	
11:00	La profesora Hurtado	gripe
	Ramona Reséndez	
4:00	La Srta. Solís	resfriado
	Los Sres. Jaramillo	

information gap activity

Estudiante 1

6 **¡Tanto que hacer!** (student text p. 341) Aquí tienes una lista de diligencias (*errands*). Algunas las hiciste tú y algunas las hizo tu compañero/a. Las diligencias que ya hiciste tú tienen esta marca ✔. Pero quedan cuatro diligencias por hacer. Dale mandatos a tu compañero/a, y él/ella responde para confirmar si hay que hacerla o ya la hizo.

> **modelo**
>
> **Estudiante 1:** Llena el tanque.
> **Estudiante 2:** Ya llené el tanque. / ¡Ay no! Tenemos que llenar el tanque.

1. Llamar al mecánico
✔ 2. Ir al centro
✔ 3. Revisar el aceite del carro
4. Salir para el aeropuerto
5. Hacer ejercicio (*to exercise*) en el gimnasio
6. Apagar la videocasetera
7. No grabar el programa de televisión hasta las 8:00
✔ 8. Estacionar cerca de la casa
9. Almorzar en el cibercafé con Paquita
10. No imprimir las páginas hasta el sábado
✔ 11. Encontrar el disco compacto de mi supervisor
12. Arreglar el reproductor de DVD
✔ 13. Poner la contestadora
14. Quemar un cederrón de fotos de la fiesta de Alicia

Escribe las cuatro diligencias por hacer. Elige las dos que quieras hacer tú y dile a tu compañero/a que no tiene que hacerlas, usando mandatos negativos.

> **modelo**
>
> No llenes el tanque. Lo lleno yo.

1. _____
2. _____
3. _____
4. _____

information gap activity

Estudiante 2

6 **¡Tanto que hacer!** (student text p. 341) Aquí tienes una lista de diligencias (*errands*). Algunas las hiciste tú y algunas las hizo tu compañero/a. Las diligencias que ya hiciste tú tienen esta marca ✔. Pero quedan cuatro diligencias por hacer. Dale mandatos a tu compañero/a, y él/ella responde para confirmar si hay que hacerla o ya la hizo.

> **modelo**
>
> **Estudiante 1:** Llena el tanque.
> **Estudiante 2:** Ya llené el tanque. / ¡Ay no! Tenemos
> que llenar el tanque.

- ✔ 1. Llamar al mecánico
- 2. Ir al centro
- 3. Revisar el aceite del carro
- 4. Salir para el aeropuerto
- ✔ 5. Hacer ejercicio (*to exercise*) en el gimnasio
- 6. Apagar la videocasetera
- ✔ 7. No grabar el programa de televisión hasta las 8:00
- 8. Estacionar cerca de la casa
- ✔ 9. Almorzar en el cibercafé con Paquita
- 10. No imprimir las páginas hasta el sábado
- 11. Encontrar el disco compacto de mi supervisor
- 12. Arreglar el reproductor de DVD
- 13. Poner la contestadora
- ✔ 14. Quemar un cederrón de fotos de la fiesta de Alicia

Escribe las cuatro diligencias por hacer. Elige las dos que quieras hacer tú y dile a tu compañero/a que no tiene que hacerlas, usando mandatos negativos.

> **modelo**
>
> No llenes el tanque. Lo lleno yo.

1. _____
2. _____
3. _____
4. _____

information gap activity

Estudiante 1

¿De quién es? Tu amiga Cecilia va a mudarse a otra ciudad. Ella tiene varias cosas en el apartamento que compartes con tu compañero/a. Intercambien la información que tienen para saber de quién son las cosas.

> **modelo**
>
> **Estudiante 1:** ¿Esta cámara de video es de Cecilia?
> **Estudiante 2:** No, no es suya, es...

yo   _____   _____   Cecilia

Cecilia   mi compañero/a y yo   _____   yo   _____

Con frases completas, escribe de quién es cada cosa.

_____

_____

_____

_____

_____

_____

_____

_____

_____

information gap activity

Estudiante 2

¿De quién es? Tu amiga Cecilia va a mudarse a otra ciudad. Ella tiene varias cosas en el apartamento que compartes con tu compañero/a. Intercambien la información que tienen para saber de quién son las cosas.

> **modelo**
>
> **Estudiante 1:** ¿Esta cámara de video es de Cecilia?
> **Estudiante 2:** No, no es suya, es...

_____

yo

mi compañero/a y yo

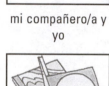
_____

mi compañero/a y yo

_____

_____

Cecilia

_____

yo

Con frases completas, escribe de quién es cada cosa.

_____

_____

_____

_____

_____

_____

_____

_____

_____

information gap activity

Lección 12

Estudiante 1

8 **¡Corre, corre!** (student text p. 365) Aquí tienes una serie incompleta de dibujos que forman una historia. Tú y tu compañero/a tienen dos series diferentes. Descríbanse los dibujos para completar la historia.

> **modelo**
> **Estudiante 1:** Marta quita la mesa.
> **Estudiante 2:** Francisco...

¿Por qué están Marta y Francisco limpiando con tanta prisa? ¿Qué pasó?

_____

_____

_____

_____

information gap activity

Lección 12

Estudiante 2

8 **¡Corre, corre!** (student text p. 365) Aquí tienes una serie incompleta de dibujos que forman una historia. Tú y tu compañero/a tienen dos series diferentes. Descríbanse los dibujos para completar la historia.

> **modelo**
> **Estudiante 1:** Marta quita la mesa.
> **Estudiante 2:** Francisco...

¿Por qué están Marta y Francisco limpiando con tanta prisa? ¿Qué pasó?

_____

_____

_____

_____

_____

information gap activity

Estudiante 1

Investigación Tu compañero/a y tú son detectives de la policía (*police*). Túrnense (*take turns*) para pedir al Sr. Medina, su asistente, que reúna (*collect*) la evidencia para el caso que quieren resolver. Tú empiezas.

> **modelo**
>
> No olvidar la cámara de la oficina
> *No olvide la cámara de la oficina.*

1. En el jardín, sacar la llave de la mesita / abrir la puerta de la cocina
3. Ir al balcón / traer la almohada
5. Bajar a la sala / no limpiar la cafetera / ponerla en una bolsa
7. Apagar la luz / salir al jardín / cerrar la puerta

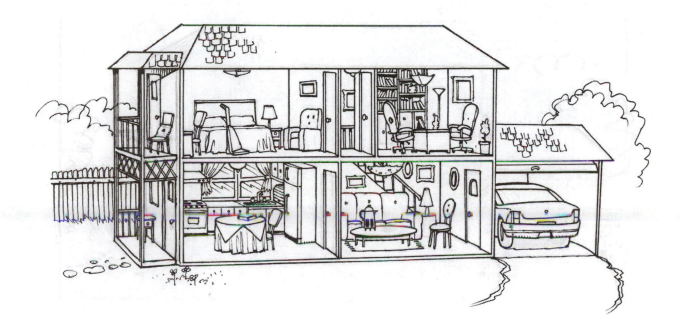

Escribe los lugares que visitó el Sr. Medina en el orden correcto.

_____

_____

_____

_____

_____

information gap activity

Estudiante 2

Investigación Tu compañero/a y tú son detectives de la policía (*police*). Túrnense (*take turns*) para pedir al Sr. Medina, su asistente, que reúna (*collect*) la evidencia para el caso que quieren resolver. Tu compañero/a empieza.

> **modelo**
> No olvidar la cámara de la oficina
> *No olvide la cámara de la oficina.*

2. Subir al dormitorio / sentarse en el sillón / tomar una foto / pasar la aspiradora
4. Entrar a la oficina / buscar una taza en el estante
6. Ir a la cocina / tomar el libro
8. Poner la llave en la mesita / llevar todas las cosas al carro

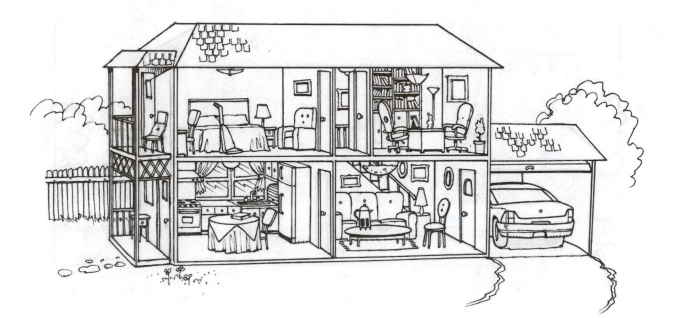

Escribe los lugares que visitó el Sr. Medina en el orden correcto.

_____

_____

_____

_____

_____

information gap activity

Lección 13

Estudiante 1

5 **No te preocupes** (student text p. 407) Estás muy preocupado/a por los problemas del medio ambiente y le comentas a tu compañero/a todas tus preocupaciones. Él/ella va a darte la solución adecuada para tus preocupaciones. Cada uno/a de ustedes tiene una hoja distinta con la información necesaria para completar la actividad.

> **modelo**
>
> **Estudiante 1:** Me molesta que las personas tiren basura en las calles.
> **Estudiante 2:** Por eso es muy importante que los políticos hagan leyes para conservar las ciudades limpias.

Dile a tu compañero/a cada una de tus preocupaciones utilizando los siguientes dibujos. Utiliza también las palabras de la lista.

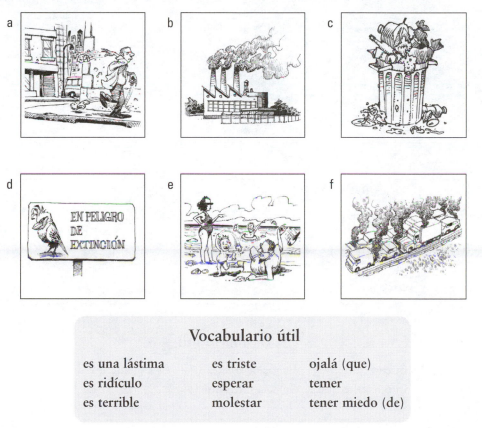

Vocabulario útil

es una lástima	es triste	ojalá (que)
es ridículo	esperar	temer
es terrible	molestar	tener miedo (de)

Ahora, con tu compañero/a escriban cuatro frases originales, basadas en la actividad, utilizando el subjuntivo.

1. _____

2. _____

3. _____

4. _____

information gap activity

Estudiante 2

5   **No te preocupes** (student text p. 407) Tu compañero/a está muy preocupado/a por los problemas del medio ambiente y te comenta todas sus preocupaciones. Dale la solución adecuada para sus preocupaciones. Cada uno/a de ustedes tiene una hoja distinta con la información necesaria para completar la actividad.

> **modelo**
>
> **Estudiante 1:** Me molesta que las personas tiren basura en las calles.
> **Estudiante 2:** Por eso es muy importante que los políticos hagan leyes para conservar las ciudades limpias.

Dale a tu compañero/a la solución a cada una de sus preocupaciones utilizando los siguientes dibujos. Tienes que identificar la mejor solución para cada una de sus preocupaciones. Utiliza también las palabras de la lista.

Vocabulario útil

Es bueno que…   Es mejor que…   Es urgente que…
Es importante que…   Es necesario que…

Ahora, con tu compañero/a escriban cuatro frases originales, basadas en la actividad, utilizando el subjuntivo.

1. _____

2. _____

3. _____

4. _____

information gap activity

Lección 13

Estudiante 1

El medio ambiente Tu compañero/a y tú son ambientalistas (*environmentalists*) y van a escribir una carta al/a la dueño/a de una empresa que contamina. Primero escribe las frases en la forma correcta, luego compártelas con tu compañero/a para organizarlas por pares.

1. Es cierto / nuestra organización / estudiar la ecología de la zona

   _____

2. No creemos / el río Santa Rosa / estar limpio

   _____

3. No cabe duda de / su empresa / contaminar también el aire

   _____

4. Es probable / muchos animales y plantas / morir por la contaminación

   _____

5. En cuanto / empezar a cuidar la naturaleza…

   _____

Con tus frases y las de tu compañero/a escriban la carta al/a la empresario/a. Añadan detalles o frases donde sean necesarios, para que su carta sea lógica y cortés (*polite*).

_____ (día/mes/año)

Sr(a). _____

_____
_____
_____
_____
_____
_____
_____
_____
_____

Atentamente,

_____ y _____

information gap activity

Lección 13

Estudiante 2

El medio ambiente Tu compañero/a y tú son ambientalistas (*environmentalists*) y van a escribir una carta al/a la dueño/a de una empresa que contamina. Primero escribe las frases en la forma correcta, luego compártelas con tu compañero/a para organizarlas por pares.

1. Creer / haber muchas formas de reducir las emisiones de gas

_____

2. Nosotros podemos enviarle información para / ayudar al medio ambiente

_____

3. Estar seguro de / ir a aumentar (*increase*) sus ventas (*sales*)

_____

4. Es posible / su empresa poder manejar el desecho (*waste*) líquido de otra forma

_____

5. A menos / su empresa / proteger las especies del área…

_____

Con tus frases y las de tu compañero/a escriban la carta al/a la empresario/a. Añadan detalles o frases donde sean necesarios, para que su carta sea lógica y cortés (*polite*).

_____ (día/mes/año)

Sr(a). _____

_____

_____

_____

_____

_____

_____

_____

_____

Atentamente,

_____ y _____

information gap activity

Estudiante 1

6 **Busca los cuatro** (student text p. 437) Aquí tienes una hoja con ocho anuncios clasificados (*classified ads*); tu compañero/a tiene otra hoja con ocho anuncios distintos a los tuyos. Háganse preguntas para encontrar los cuatro anuncios de cada hoja que tienen su respuesta en la otra.

> **modelo**
>
> **Estudiante 1:** ¿Hay alguien que necesite una alfombra?
> **Estudiante 2:** No, no hay nadie que necesite una alfombra.

CLASIFICADOS

BUSCO un apartamento de dos cuartos, cerca del metro, con jardín. Mejor si tiene lavaplatos nuevo. Tel. 255-0228
1 _____

QUIERO un novio guapo y simpático. Me gusta leer mucho, y mi hombre ideal también debe amar la literatura. La edad no importa. Soy alta con pelo negro, me encanta bucear y trabajo en una oficina de correos. Tel. 559-8740
5 _____

SE VENDE una alfombra persa, 3 metros x 2 metros, colores predominantes azul y verde. Precio muy bajo, pero podemos regatear. Pagar en efectivo. caribenavega@inter.ve
2 _____

OFREZCO un perro gran danés de dos años. Me mudo a Maracaibo y prohíben tener perros en mi nuevo apartamento. Llamar al 386-4443.
6 _____

NECESITO reproductor de DVD en buenas condiciones. No importa la marca. Debe tener control remoto. Llame al 871-0987.
3 _____

BUSCAMOS una casa en la playa, no muy lejos de Caracas. Estamos jubilados y deseamos vivir al norte, entre el mar y la ciudad. Tel. 645-2212
7 _____

TENGO un automóvil Ford, modelo Focus, y quiero venderlo lo antes posible. Sólo 8.000 kilómetros, casi nuevo, color negro. Tel. 265-1739
4 _____

SE REGALA un gato siamés de muy buen carácter. ¡Gratis! Es muy limpio y amable. Se llama Patitas y tiene 3 años. susana388@correo.com
8 _____

1. Menciona lo que se ofrece en los anuncios.

_____

_____

_____

2. Menciona lo que se necesita en los anuncios.

_____

_____

_____

3. ¿Cuáles son los anuncios que corresponden a los de tu compañero/a?

_____

_____

_____

Estudiante 2

6 **Busca los cuatro** (student text p. 437) Aquí tienes una hoja con ocho anuncios clasificados (*classified ads*); tu compañero/a tiene otra hoja con ocho anuncios distintos a los tuyos. Háganse preguntas para encontrar los cuatro anuncios de cada hoja que tienen su respuesta en la otra.

> **modelo**
>
> **Estudiante 1:** ¿Hay alguien que necesite una alfombra?
>
> **Estudiante 2:** No, no hay nadie que necesite una alfombra.

CLASIFICADOS

SE OFRECE la colección completa de los poemas de Andrés Eloy Blanco. Los libros están en perfecta condición. Se los regalo al primer interesado. superpoeta@correo.com
a _____

QUIERO un gato porque soy viuda y me siento sola. Adoro los gatos siameses. Escríbame: avenida Teresa Carreño 44, Caracas.
e _____

BUSCO una novia simpática y con muchos intereses. Me encantan los deportes acuáticos y todo tipo de literatura. Tengo 35 años, soy alto y me gusta el cine mexicano. Llame al 982-1014.
b _____

ALQUILAMOS un apartamento de dos cuartos con jardín y garaje. La cocina está remodelada con lavaplatos moderno. La línea de metro queda a sólo tres cuadras. Llamar al 451-3361 entre 15 y 18h.
f _____

VENDEMOS nuestros muebles de sala, estilo clásico: sofá, dos mesitas y tres lámparas. Excelente condición. Tel. 499-5601
c _____

SE BUSCA un carro para hijo adolescente, no muy caro porque aprendió a manejar hace muy poco. Prefiero un auto usado pero con pocos kilómetros. Escriba a jprivero@inter.ve
g _____

NECESITAMOS camareros para nuevo restaurante en el centro de Valencia. Conocimiento de las especialidades culinarias venezolanas obligatorio. Llamar entre 10 y 17h al 584-2226.
d _____

TENGO una computadora portátil para vender. Tiene mucha memoria y lista para conectar a Internet. Puede pagarme a plazos. Para más detalles llame al 564-3371.
h _____

1. Menciona lo que se ofrece en los anuncios.

   _____

   _____

   _____

2. Menciona lo que se necesita en los anuncios.

   _____

   _____

   _____

3. ¿Cuáles son los anuncios que corresponden a los de tu compañero/a?

   _____

   _____

   _____

information gap activity

Estudiante 1

La fiesta de Laura Tu compañero/a y tú tienen que hacer varias diligencias para la fiesta de cumpleaños de su amiga Laura. Cada uno/a de ustedes tiene una lista diferente de las diligencias que tienen que hacer. Con mandatos usando **nosotros/as** y las siguientes imágenes, dile a tu compañero/a lo que tienen que hacer. Escribe los mandatos de tu compañero/a en los espacios en blanco para completar el cuadro.

1 cobrar el cheque	2	3 entrar a la tienda de música
4	5 comprarlo	6
7 acordarse de buscar una tarjeta	8	9 entrar a la pastelería
10	11 llevarlo a casa	12
13 limpiar la sala y la cocina	14	15 prender el estéreo

information gap activity

Estudiante 2

La fiesta de Laura Tu compañero/a y tú tienen que hacer varias diligencias para la fiesta de cumpleaños de su amiga Laura. Cada uno/a de ustedes tiene una lista diferente de las diligencias que tienen que hacer. Con mandatos usando **nosotros/as** y las siguientes imágenes, dile a tu compañero/a lo que tienen que hacer. Escribe los mandatos de tu compañero/a en los espacios en blanco para completar el cuadro.

1	2 ir al centro comercial	3
4 escuchar el disco de Enrique Iglesias	5	6 pagarlo en efectivo
7	8 escoger la más bonita	9
10 comprar el pastel de chocolate	11	12 ponerlo en la cocina
13	14 vestirse para la fiesta	15

information gap activity

Lección 15

Estudiante 1

9 **El gimnasio perfecto** (student text p. 457) Tú y tu compañero/a quieren encontrar el gimnasio perfecto. Tú tienes el anuncio del gimnasio *Bienestar* y tu compañero/a tiene el del gimnasio *Músculos*. Hazle preguntas a tu compañero/a sobre las actividades que se ofrecen en el otro gimnasio. Cada uno de ustedes tiene una hoja distinta con la información necesaria para completar la actividad.

> **modelo**
>
> **Estudiante 1:** ¿Se ofrecen clases para levantar pesas?
> **Estudiante 2:** Sí, para levantar pesas se ofrecen clases todos los lunes a las seis de la tarde.

Estudiante 1: *Eres una persona activa.*

Hazle preguntas a tu compañero/a sobre el gimnasio *Músculos*, usando las palabras de la lista.

Vocabulario útil

clases	estiramiento	sufrir presiones
entrenadores	horario	tipos de ejercicio

GIMNASIO BIENESTAR
¡Para llevar una vida sana!

Sala de pesas moderna

Muchas máquinas para ejercicios cardiovasculares

Tenemos clases de

Todos los días de 5:00 PM a 7:00 PM.

¡Ven hoy mismo!

Tenemos diferentes seminarios cada mes. **¡No te los pierdas!**

En enero:
• Seminario de nutrición
• Seminario para dejar de fumar

Promoción del mes: Servicio de masajes por sólo 250 pesos

¡Además tenemos 50 televisores para que veas tus programas favoritos mientras haces ejercicios!

Con tu compañero/a, contesten las siguientes preguntas:

1. ¿Tienen ustedes las mismas necesidades en el gimnasio? ¿Cuáles son las diferencias?

_____

_____

2. ¿Los dos llevan una vida sana? ¿Por qué?

_____

3. Ahora, escribe cuatro recomendaciones para tu compañero/a.

a. _____ c. _____

b. _____ d. _____

information gap activity   Lección 15

Estudiante 2

9 **El gimnasio perfecto** (student text p. 457) Tú y tu compañero/a quieren encontrar el gimnasio perfecto. Tú tienes el anuncio del gimnasio *Músculos* y tu compañero tiene el del gimnasio *Bienestar*. Hazle preguntas a tu compañero/a sobre las actividades que se ofrecen en el otro gimnasio. Cada uno de ustedes tiene una hoja distinta con la información necesaria para completar la actividad.

> **modelo**
>
> **Estudiante 1:** ¿Se ofrecen clases para levantar pesas?
> **Estudiante 2:** Sí, para levantar pesas se ofrecen clases todos los lunes a las seis de la tarde.

Estudiante 2: *Eres una persona sedentaria.*

Hazle preguntas a tu compañero/a sobre el gimnasio *Bienestar*, usando las palabras de la lista.

Vocabulario útil

adelgazar	fumar	masajes
clases de poca duración	levantar pesas	ver la televisión

Los lunes a las 6:00 PM:

GIMNASIO BIENESTAR
Para personas fuertes

Clases de leventar pesas
Disfruta de nuestras clases de

todos los lunes, miércoles y viernes de 6:00 PM a 6:30 PM y clases de boxeo los martes a las 4:00 PM

Y para aliviar la tensión, los viernes ofrecemos masajes.

¡Te esperamos!

Todos los días hay entrenadores para ayudarte.

No te pierdas nuestros seminarios de este mes:
• Seminario para aliviar el estrés
• Seminario para mejorar tus ejercicios de estiramiento

¡Ven también los sábados y domingos! El gimnasio está abierto de 9:00 AM – 6:00 PM.

Con tu compañero/a, contesten las siguientes preguntas:

1. ¿Tienen ustedes las mismas necesidades en el gimnasio? ¿Cuáles son las diferencias?

   _____

   _____

2. ¿Los dos llevan una vida sana? ¿Por qué?

   _____

   _____

3. Ahora, escribe cuatro recomendaciones para tu compañero/a.

   a. _____   c. _____

   b. _____   d. _____

information gap activity   Lección 15

Estudiante 1

¿A favor o en contra? (*For or against?*) Analiza con tu compañero/a las posibilidades que tiene Margarita de mejorar su calidad de vida. Tú crees que su calidad de vida **SÍ** puede mejorar. Dile a tu compañero/a las razones por las cuales estás "a favor" y, con una frase diferente de la lista, tu compañero/a comenta sus razones por las cuales él/ella está "en contra". Conecta sus razones y las tuyas con **porque**. Inventa las dos últimas razones. Sigue el modelo. Tú empiezas.

> **modelo**
>
> **Estudiante 1:** Margarita ha adelgazado treinta libras desde el año pasado.
>
> **Estudiante 2:** Es probable que haya adelgazado treinta libras desde el año pasado, pero ha engordado quince libras en dos semanas.
>
> **Estudiante 1:** Es imposible que haya engordado quince libras en dos semanas, porque ha reducido considerablemente el número de calorías diarias. (*Continue the flow of reasons*)

No puedo creer que…	Es increíble que…	No es probable que…
Es imposible que…	No estoy seguro/a de que…	Es difícil de creer que…
Dudo que…	No creo que…	Es poco probable que…

A FAVOR

- Ha adelgazado treinta libras desde el año pasado.
- Ha reducido considerablemente el número de calorías diarias.
- Ha intentado no comer dulces ni grasas.
- Ha empezado a comer alimentos ricos en vitaminas.
- Siempre ha disfrutado de muy buena salud.
- Nunca ha tenido problemas de estrés.
- Ha decidido mantenerse en forma.
- Siempre ha corrido cinco millas los fines de semana.
- _____
- _____

Ahora, con tu compañero/a, escriban una lista con las tres cosas más importantes que NO debe hacer Margarita y las que SÍ debe hacer y/o debe seguir haciendo para llevar una vida sana y mejorar su calidad de vida.

_____
_____
_____
_____
_____

information gap activity   Lección 15

Estudiante 2

¿A favor o en contra? (*For or against?*) Analiza con tu compañero/a las posibilidades que tiene Margarita de mejorar su calidad de vida. Tú crees que su calidad de vida **NO** puede mejorar. Dile a tu compañero/a las razones por las cuales estás "en contra" y, con una frase diferente de la lista, tu compañero/a comenta cada una de sus razones por las cuales él/ella está "a favor". Conecta sus razones y las tuyas con **pero**. Inventa las dos últimas razones. Sigue el modelo. Tu compañero/a empieza.

modelo

Estudiante 1: Margarita ha adelgazado treinta libras desde el año pasado.

Estudiante 2: Es probable que haya adelgazado treinta libras desde el año pasado, pero ha engordado quince libras en dos semanas.

Estudiante 1: Es imposible que haya engordado quince libras en dos semanas, porque ha reducido considerablemente el número de calorías diarias. (*Continue the flow of reasons*)

Es probable que…	Me preocupa mucho que…
Es bueno que…	Es una ventaja que…
Es excelente que…	Es interesante que…
Es posible que…	Es importante que…
Me alegro de que…	Es esencial que…

EN CONTRA

- Ha engordado quince libras en dos semanas.
- Ha aumentado su nivel de colesterol.
- No ha aprendido a comer una dieta equilibrada.
- Nunca le han gustado las verduras.
- Ha fumado y comido en exceso durante muchos años.
- Ha empezado a consumir alcohol.
- No ha hecho ejercicio en toda su vida.
- Siempre ha llevado una vida sedentaria.
- _____
- _____

Ahora, con tu compañero/a, escriban una lista con las tres cosas más importantes que NO debe hacer Margarita y las que SÍ debe hacer y/o debe seguir haciendo para llevar una vida sana y mejorar su calidad de vida.

_____

_____

_____

_____

information gap activity   Lección 16

Estudiante 1

6 **El futuro de Cristina** (student text p. 493) Aquí tienes una serie incompleta de dibujos sobre el futuro de Cristina. Tú y tu compañero/a tienen dos series diferentes. Háganse preguntas y respondan de acuerdo a los dibujos para completar la historia.

> **modelo**
> **Estudiante 1:** ¿Qué hará Cristina en el año 2010?
> **Estudiante 2:** Ella se graduará en el año 2010.

Ahora, con tu compañero/a, imaginen lo que harán ustedes en los siguientes años.
Utilicen estos verbos: **hacer, poder, poner, querer, saber, salir, tener** y **venir.**

1. 2015: _____

2. 2025: _____

3. 2035: _____

4. 2045: _____

information gap activity

Estudiante 2

6 **El futuro de Cristina** (student text p. 493) Aquí tienes una serie incompleta de dibujos sobre el futuro de Cristina. Tú y tu compañero/a tienen dos series diferentes. Háganse preguntas y respondan de acuerdo a los dibujos para completar la historia.

> **modelo**
>
> **Estudiante 1:** ¿Qué hará Cristina en el año 2010?
> **Estudiante 2:** Ella se graduará en el año 2010.

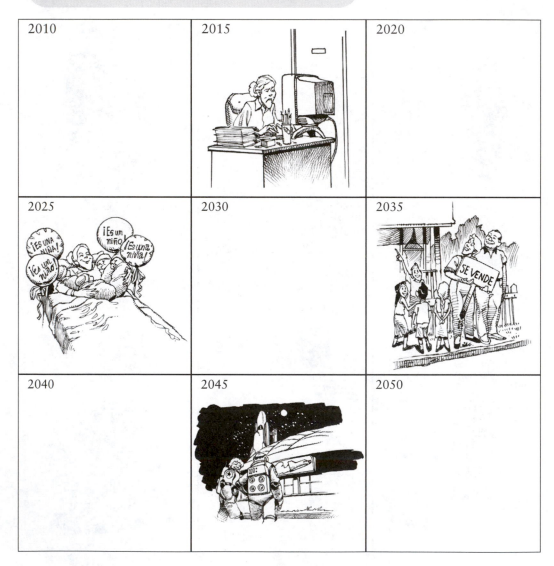

Ahora, con tu compañero/a, imaginen lo que harán ustedes en los siguientes años.
Utilicen estos verbos: **hacer, poder, poner, querer, saber, salir, tener** y **venir.**

1. 2015: _____

2. 2025: _____

3. 2035: _____

4. 2045: _____

information gap activity   Lección 16

Estudiante 1

La entrevista El mes pasado tu profesor(a) te dio ocho consejos de lo que **SÍ** debes hacer en tu próxima entrevista de trabajo. A tu compañero/a le dio ocho consejos de lo que **NO** debe hacer. Averígualos (*find out what they are*) y toma notas. Sigue el modelo. Tú empiezas, pero antes de empezar, añade dos consejos más a tu lista.

> **modelo**
>
> **Consejo:** No llegues tarde.
> **Estudiante 1:** ¿Qué te aconsejó el/la profesor(a) que no hicieras?
> **Estudiante 2:** Me aconsejó que no llegara tarde.

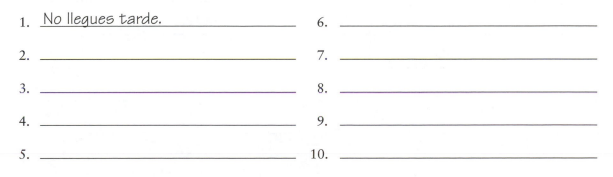

- Infórmate bien sobre la empresa.
- Sé agradable con el/la entrevistador(a).
- Muestra interés por la empresa.
- Habla sobre tu proyecto profesional.
- Escucha atentamente cada pregunta.
- Responde a las preguntas con naturalidad y seguridad.
- Haz preguntas pertinentes al puesto y a la empresa.
- Menciona tus logros (achievements) y experiencias profesionales.

Ahora, escribe los diez consejos que aprendiste de tu compañero/a para completar tu lista.

1. No llegues tarde. _____   6. _____
2. _____   7. _____
3. _____   8. _____
4. _____   9. _____
5. _____   10. _____

information gap activity   Lección 16

Estudiante 2

La entrevista El mes pasado tu profesor(a) te dio ocho consejos de lo que **NO** debes hacer en tu próxima entrevista de trabajo. A tu compañero/a le dio ocho consejos de lo que **SÍ** debe hacer. Averígualos (*find out what they are*) y toma notas. Sigue el modelo. Tu compañero/a empieza, pero antes de empezar, añade dos consejos más a tu lista.

> **modelo**
>
> **Consejo:** Infórmate bien sobre la empresa.
> **Estudiante 2:** Y a ti, ¿qué te aconsejó el/la profesor(a) que hicieras?
> **Estudiante 1:** A mí me aconsejó que me informara bien sobre la empresa.

- No llegues tarde.
- No lleves bluejeans.
- No uses perfume.
- No llegues fumando.
- No te muestres nervioso.
- No pongas cara de miedo.
- No digas mentiras.
- No hables mal de nadie.

Ahora, escribe los diez consejos que aprendiste de tu compañero/a para completar tu lista.

1. Infórmate bien sobre la empresa.   6. _____

2. _____   7. _____

3. _____   8. _____

4. _____   9. _____

5. _____   10. _____

information gap activity

Lección 17

Estudiante 1

7 **Crucigrama** (*Crossword puzzle*) (student text p. 515) Tú y tu compañero/a tienen un crucigrama incompleto. Tú tienes las palabras que necesita tu compañero/a y él/ella tiene las palabras que tú necesitas. Tienen que darse pistas (*clues*) para completarlo. No pueden decir la palabra necesaria; deben utilizar definiciones, ejemplos y frases incompletas.

> **modelo**
>
> **1 horizontal:** Fiesta popular que se hace generalmente en las calles de las ciudades.
>
> **2 vertical:** Novelas que puedes ver en la televisión.

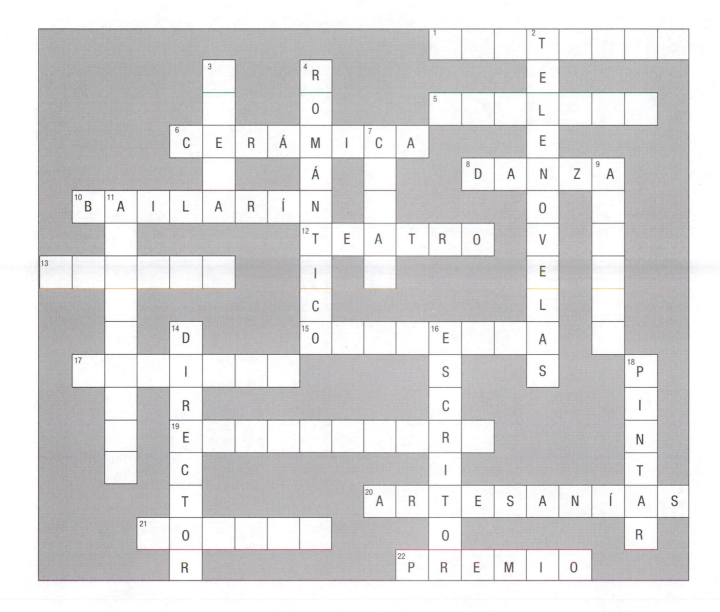

information gap activity

Lección 17

Estudiante 2

7 **Crucigrama (*Crossword puzzle*)** (student text p. 515) Tú y tu compañero/a tienen un crucigrama incompleto. Tú tienes las palabras que necesita tu compañero/a y él/ella tiene las palabras que tú necesitas. Tienen que darse pistas (*clues*) para completarlo. No pueden decir la palabra necesaria; deben utilizar definiciones, ejemplos y frases incompletas.

> **modelo**
>
> **1 horizontal:** Fiesta popular que se hace generalmente en las calles de las ciudades.
>
> **2 vertical:** Novelas que puedes ver en la televisión.

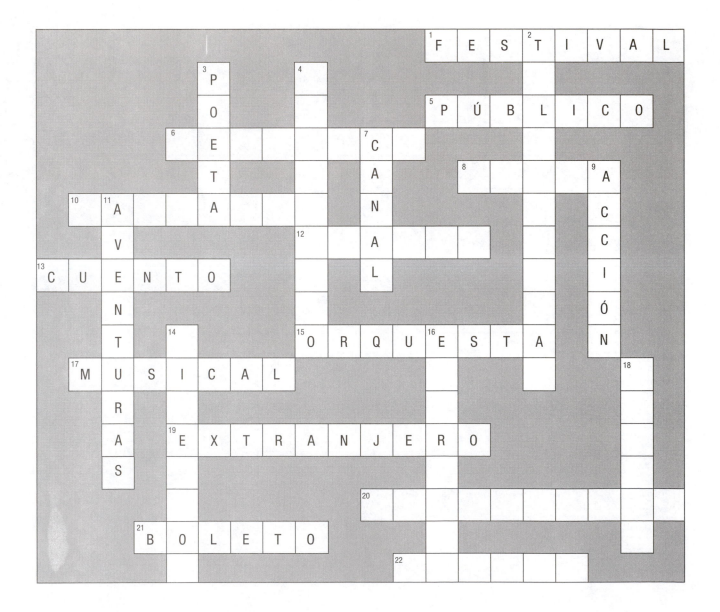

information gap activity

Estudiante 1

S.O.S. ¡Tienes correo! Has recibido un mensaje electrónico de tu amigo Ernesto. Él necesita tu ayuda. Léelo y, con tus propias palabras, explícale su problema a tu compañero/a. Después, pregúntale qué habría hecho para evitar el problema que tiene Ernesto y qué haría ahora en su lugar. Tu compañero/a empieza. Escucha el problema de su amiga Marisol y ofrécele tus sugerencias.

↩ Para Mi consejero/a	De Ernesto	Asunto S.O.S.

Estimado/a amigo/a y consejero/a:

Sabes que quiero ser actor más que nada en el mundo, por eso hace dos años que estudio arte dramático en la universidad más prestigiosa del país. Mi profesora, la actriz famosa, dice que tengo mucho talento y está convencida de que tengo un futuro muy brillante. Sin embargo, hace tres días, y como parte del programa de estudios, fui a ver una obra de teatro con la clase, pero estaba tan cansado que cuando apagaron las luces del teatro me dormí y dos horas después, al final de la obra, me desperté con el ruido de los aplausos. La próxima semana es el examen final y un sesenta y cinco por ciento de la nota (*grade*) está basado en la obra que "no vi". Estoy desesperado. ¿Y quién no lo estaría, no? La compañía de teatro ya no está en la ciudad y debo aprobar (*pass*) ese examen para graduarme.
Y además, no quiero decepcionar (*disappoint*) ni a mi profesora, ni a mis padres, ni a mí mismo. No aprobar el examen final sería una humillación.
Sé que te fascina el cine y que quieres que sea actor tanto como yo. Tú eres la persona más ingeniosa (*resourceful*) que conozco y necesito una idea genial (*brilliant*). Por favor, escríbeme pronto. No tengo mucho tiempo y no sé qué hacer.

¡Cuento contigo!

Ernesto

Ahora, contesta el correo electrónico de Ernesto con unas sugerencias de tu compañero/a y unas tuyas también. Sé imaginativo/a.

_____

_____

_____

_____

_____

_____

_____

information gap activity | Lección 17

Estudiante 2

S.O.S. ¡Tienes correo! Has recibido un mensaje electrónico de tu amiga Marisol. Ella necesita tu **ayuda.** Léelo y, con tus propias palabras, explícale su problema a tu compañero/a. Después, pregúntale qué habría hecho para evitar el problema que tiene Marisol y qué haría ahora en su lugar. Tú empiezas. Luego, ayuda a tu compañero/a a solucionar el problema de su amigo Ernesto.

| ↩ Para | Mi consejero/a | De | Marisol | Asunto | S.O.S. |

Estimado/a amigo/a y consejero/a:

Lo que más quiero es ir al concierto de Los Pacos, bien sabes que es el grupo de rock más de moda del momento entre los jóvenes, y cuando por fin ha llegado el gran día… ¡TRAGEDIA! No encuentro el boleto por ningún sitio. Sé exactamente donde lo puse hace tres semanas, pero ahora no está allí. Son las once de la mañana y el concierto empieza a las seis de la tarde. Tan sólo tengo siete horas para encontrar o el boleto o una solución, pues no tengo dinero para comprar otro boleto, y aunque pueda conseguir el dinero, es muy probable que ya se hayan vendido todos los boletos. Sabes que haría cualquier cosa por ir a ese concierto. Todos mis amigos van a ir. ¡No puedo perdérmelo (*miss it*)! Es el espectáculo del año. Perderse este concierto sería a los ojos de mis amigos como… como no tener teléfono celular. ¡Qué humillación! Sé que a ti no te gustan Los Pacos y que no vas a ir al concierto, pero ¿podrías ayudarme a pensar en algo? ¡¡Rápido!! Sé que tú eres muy ingenioso/a (*resourceful*) y seguro que tienes alguna idea genial (*brilliant*). Por favor, escríbeme pronto. No tengo mucho tiempo y no sé qué hacer.

¡Cuento contigo!

Marisol

Ahora, contesta el correo electrónico de Marisol con unas sugerencias de tu compañero/a y unas tuyas también. Sé imaginativo/a.

_____

_____

_____

_____

_____

_____

_____

_____

information gap activity

Lección 18

Estudiante 1

6 **¿Qué pasaría?** (student text p. 553) En parejas, hagan seis oraciones con **si** basándose en las ilustraciones. Primero, deben buscar la ilustración de la causa y la del efecto correspondientes a cada oración. Cada uno de ustedes tiene una hoja distinta con la información necesaria para completar la actividad. Empiecen siempre con una causa. Tú empiezas.

> **modelo**
>
> **Estudiante 1:** *(causa)* Si el presidente declarara una guerra,
> **Estudiante 2:** *(efecto)* los ciudadanos lucharían por la paz.

Utiliza las ilustraciones para formar oraciones con tu compañero/a.

(CAUSA) declarar

(EFECTO) salir

(CAUSA) ser

(EFECTO) bajar

(CAUSA) durar

(EFECTO) aplaudir

CAUSAS	EFECTOS
el presidente declarar guerra	luchar por la paz

Ahora, escriban las oraciones. Después, comenten sobre los temas.

1. Si el presidente declarara una guerra, los ciudadanos lucharían por la paz.
2. _____
3. _____
4. _____
5. _____
6. _____

information gap activity   Lección 18

Estudiante 2

6 **¿Qué pasaría?** (student text p. 553) En parejas, hagan seis oraciones con **si** basándose en las ilustraciones. Primero, deben buscar la ilustración de la causa y la del efecto correspondientes a cada oración. Cada uno de ustedes tiene una hoja distinta con la información necesaria para completar la actividad. Empiecen siempre con una causa. Tú compañero/a empieza.

> **modelo**
>
> **Estudiante 1:** *(causa)* Si el presidente declarara una guerra,
> **Estudiante 2:** *(efecto)* los ciudadanos lucharían por la paz.

Utiliza las ilustraciones para formar oraciones con tu compañero/a.

A (CAUSA) haber

B (EFECTO) luchar

C (CAUSA) bajar

D (EFECTO) votar

E (CAUSA) hacer el papel

F (EFECTO) ocurrir

CAUSAS	EFECTOS
el presidente declarar guerra	luchar por la paz

Ahora, escriban las oraciones. Después, comenten sobre los temas.

1. <u>Si el presidente declarara una guerra, los ciudadanos lucharían por la paz.</u>
2. _____
3. _____
4. _____
5. _____
6. _____

Estudiante 1

6 | **Dos artículos** (student text p. 557) Tú y tu compañero/a tienen dos artículos: uno sobre una huelga de trabajadores y otro sobre la violencia en las escuelas. Trabajando en parejas, cada uno escoge y lee un artículo. Luego, háganse preguntas sobre los artículos.

Huelga en fábrica de muebles

AYER declararon huelga los carpinteros de Muebles Montevideo cuando el gerente les informó que no habría aumento de sueldo este año.

Es probable que los trabajadores ya tuvieran el plan de huelga. Dijo Antonio Caldera, empleado de la empresa: —Nos enojamos mucho de que redujeran los beneficios hace tres meses. Pero hasta que anunciaron lo del sueldo, no nos decidimos a hacer la huelga.

La jefa de Muebles Montevideo, la señora Belén Toro, explicó que, por la situación económica del país, la empresa no puede aumentar el sueldo de los trabajadores. Si se aumentaran los sueldos, perderían el puesto unos 110 trabajadores.

No se sabe cuánto tiempo va a durar la huelga, pero las negociaciones continuarán hasta que se acabe. El alcalde de la ciudad, Juan González, declaró que espera que resuelvan este problema tan pronto como puedan.

Hazle estas preguntas a tu compañero/a:

1. ¿Qué fue lo que pasó? _____

_____

_____

2. ¿Cuál fue la reacción de los estudiantes después de esa experiencia? _____

_____

_____

3. En tu opinión, si la escuela se hubiera preparado mejor, ¿habría pasado eso? _____

_____

_____

Estudiante 2

6 **Dos artículos** (student text p. 557) Tú y tu compañero/a tienen dos artículos: uno sobre una huelga de trabajadores y otro sobre la violencia en las escuelas. Trabajando en parejas, cada uno escoge y lee un artículo. Luego, háganse preguntas sobre los artículos.

Violencia en la Escuela Refugio de Paz
Tres estudiantes lastimados

AYER quedaron lastimados tres estudiantes cuando Alberto Moreno (14 años) disparó (*fired*) una pistola en la Escuela Refugio de Paz.

El joven fue arrestado poco después por la policía metropolitana. Todavía no se sabe cómo había conseguido la pistola.

La reacción de los estudiantes fue inmediata. Todos se tiraron (*threw themselves*) al suelo tan pronto como escucharon los disparos. Cuando fueron entrevistados por los medios de comunicación se mostraron muy enojados y nerviosos. Andrea Machado, de 16 años, dijo: "Me siento muy triste de que mis amigos terminaran lastimados. ¡Ese muchacho no tenía el derecho de venir a la escuela con una pistola! No quiero regresar a la escuela hasta que me aseguren que estaré bien aquí."

Irónicamente, cuando ocurrió el incidente, el director de la escuela estaba en una reunión de consejeros y psicólogos hablando del problema de la violencia. "No descansaremos hasta que resolvamos este terrible problema", declaró a este diario.

Hazle estas preguntas a tu compañero/a:

1. ¿Qué quieren los trabajadores que están de huelga? _____

_____

_____

2. ¿Qué explicaciones dio la jefa de la compañía sobre el problema? _____

_____

_____

3. ¿Qué harías tú si fueras un(a) empleado/a en esa empresa? _____

_____

_____

Lección 1

Sopa de letras

	1	2	3	4	5	6	7	8	9	10	11
A	C	O	N	D	U	C	T	O	R		
B	U	O				C		P			
C	A		M			A		A			
D	D			P		P		S			
E	E				U	I		A			
F	R					T		J			
G	N				A	A		E			
H	O					L		D	R		
I									O		
J										R	
K				E	S	C	U	E	L	A	

Personas: pasajero, conductor. **Cosas:** computadora, cuaderno. **Lugares:** capital, escuela.

¿Qué hora es?

San Francisco: 8:00 a.m./Son las ocho de la mañana. **La Ciudad de México:** 10:00 a.m./Son las diez de la mañana. **Toronto:** 11:00 a.m./Son las once de la mañana. **Quito:** 11:00 a.m./Son las once de la mañana. **Buenos Aires:** 1:00 p.m./Es la una de la tarde. **Londres:** 4:00 p.m./Son las cuatro de la tarde. **Madrid:** 5:00 p.m./Son las cinco de la tarde. **Atenas:** 6:00 p.m./Son las seis de la tarde. **Moscú:** 7:00 p.m./Son las siete de la tarde. **Nairobi:** 7:00 p.m./Son las siete de la tarde. **Nueva Delhi:** 9:30 p.m./Son las nueve y media de la noche. **Tokio:** 1:00 a.m./Es la una de la mañana. **Sydney:** 3:00 a.m./Son las tres de la mañana.

1. Son las cuatro y quince/cuarto de la mañana.
2. Son las doce menos quince/cuarto de la mañana.
3. Son las ocho y veinte de la mañana. 4. Son las tres menos cinco de la tarde. 5. Son las ocho y diez de la mañana.

Lección 2

¿A qué distancia...?

Alcalá de Henares: 30; Aranjuez: 47; Arganda del Rey: 27; Chinchón: 54; El Escorial: 50; Guadalajara: 55; Segovia: 87; Toledo: 71; Valdemoro: 26

¿Quién es Pedro?

Answers will vary slightly. Pedro es un estudiante de ciencias y periodismo. El nombre completo es Pedro Raúl Vidal Ruiz. Él es de California, Estados Unidos. Estudia en la Universidad de Sevilla, España. Este semestre toma cuatro materias. Son física, química, sociología y español. Los lunes y los miércoles toma física y química. Los martes y los jueves toma sociología y español. Por la mañana llega a la universidad a las siete y media. En la clase de química hay noventa y tres estudiantes, y en la clase de sociología hay sesenta y ocho estudiantes. Todos los días desayuna en la cafetería de la universidad y cena en la residencia estudiantil a las seis y media de la tarde. Él regresa a la residencia estudiantil a las seis de la tarde. Él prepara la tarea de química en el laboratorio de la universidad. Miguel es el compañero de cuarto de Pedro. El profesor de español se llama Julián Gutiérrez. Pedro practica español en el laboratorio de lenguas extranjeras. Él compra los libros en la librería de la universidad. Los sábados y los domingos él escucha música, y los domingos no estudia, él descansa.

Lección 3

Diferencias

E1: La madre es rubia. El abuelo es alto. El hermano menor es delgado. Hay una abuela. Las gemelas son rubias. El hermano mayor es inteligente. El padre es simpático.

E2: La madre es morena. El abuelo es bajo. El hermano menor es gordo. Hay una tía. Las gemelas son morenas. El hermano mayor no es inteligente. El padre es antipático.

Horario

8:00 Alicia corre. **9:00** Desayuna. **9:30** Debe ir a la universidad. **10:00** Asiste a la clase de historia. **11:00** Asiste a una clase de arte. **12:30** Alicia, Roberto y Luis comen en la cafetería. **2:00** Alicia recibe y escribe correo electrónico. **3:00** Margarita y Alicia comparten el libro de historia en la biblioteca. **4:00** Lee en la biblioteca. **5:00** Marcos y Alicia cenan en un restaurante. **8:00** Debe estar en casa y estudiar.

Lección 4

¿Qué vas a hacer?

Answers will vary.

Situación

Answers will vary. Sample answers: Por la mañana, empiezan en el café. Luego, pueden visitar monumentos / pasear por la ciudad. Después, quieren bucear / practicar esquí acuático / tomar el sol. Más tarde, las chicas prefieren tomar el sol. Por la tarde, almuerzan en el estadio. Luego, un chico pierde el autobús. La mujer muestra el arte en el museo. Por la noche, cuentan historias. Por la noche, vuelven al hotel.

Lección 5

Un viaje

Answers will vary.

¿Qué están haciendo?

Answers will vary slightly. 1. Alicia está en la aduana. Está llevando a su perro Fido. 2. Azucena está en la entrada. Está leyendo una revista. 3. Carmen está en los teléfonos. Está escribiendo una dirección. 4. Felipe está en la puerta de embarque. Está durmiendo. 5. Héctor está en la librería. Está comprando un periódico. 6. Mario y José están en el bar. Están bebiendo vino. 7. Marta y Susana están en la puerta de embarque. Están jugando a las cartas. 8. Paco está en la cafetería. Está comiendo con una francesa. 9. Pedro está en el taxi. Está viniendo en taxi. 10. Roberto está en los teléfonos. Está mirando un mapa de San Juan.

Lección 6

El fin de semana

Answers for the **mi compañero/a** column will vary.

El viernes por la noche Margarita bailó. Pablo y Ramón comieron/cenaron en un restaurante. La señora Zapata trabajó.

El sábado por la mañana Margarita corrió. Pablo y Ramón vendieron zapatos. La señora Zapata habló por teléfono.

El sábado por la noche Margarita y una amiga tomaron café. Pablo y Ramón miraron la televisión. La señora Zapata escribió/leyó correo electrónico.

El domingo Margarita abrió la tienda. Pablo y Ramón jugaron al fútbol. La señora Zapata leyó un libro.

Diferencias

E1: Estos zapatos son caros. Esta bolsa es grande. Esa camisa es negra. Esa falda es larga. Ese vestido es de lunares. Aquellos trajes de baño son pequeños/de talla pequeña. Aquellas camisetas tienen una pelota de fútbol. Aquellos lentes de sol son feos.

E2: Estos zapatos son baratos/están en rebaja. Esta bolsa es pequeña. Esa camisa es blanca. Esa falda es corta. Ese vestido es de rayas. Aquellos trajes de baño son grandes/de talla grande. Aquellas camisetas tienen un barco. Aquellos lentes de sol son hermosos/elegantes.

Lección 7

La familia ocupada

6:15 El señor Ramos se levanta. La señora Ramos se levanta. Pepito y Pablo duermen. Nosotros/as dormimos.

6:30 El señor Ramos se ducha. La señora Ramos se peina. Pepito y Pablo duermen. Nosotros/as dormimos.

6:45 El señor Ramos se afeita. La señora Ramos se ducha. Pepito y Pablo duermen. Nosotros/as dormimos.

7:00 El señor Ramos despierta a Sara. La señora Ramos se maquilla. Pepito y Pablo duermen. Nosotros/as nos levantamos.

7:15 El señor Ramos prepara el café. La señora Ramos despierta a Pepito y a Pablo. Pepito y Pablo se levantan. Nosotros/as nos peinamos.

7:30 El señor Ramos desayuna. La señora Ramos baña a Pepito y a Pablo. Pepito y Pablo se bañan. Nosotros/as nos duchamos.

7:45 El señor Ramos lava los platos. La señora Ramos desayuna. Pepito y Pablo desayunan. Nosotros/as desayunamos.

8:00 El señor Ramos lleva a Sara y a nosotros/as al campamento de verano. La señora Ramos se va con Pepito y Pablo. Pepito y Pablo se van con su mamá. Nosotros/as vamos al campamento de verano.

8:15 El señor Ramos va al trabajo. La señora Ramos visita a su hermana. Pepito y Pablo juegan con su primo. Nosotros/as nadamos.

La residencia

Answers will vary.

Lección 8

Crucigrama

Clues will vary. 1. cereales 2. arroz 3. zanahoria 4. mayonesa 5. ajo 6. pimienta 7. naranja 8. (down) papas fritas; (across) pollo asado 9. tomate 10. sopa 11. melocotón 12. banana 13. arvejas 14. huevo 15. refresco 16. uvas 17. (down) pera; (across) pavo 18. jamón 19. sal 20. salchicha

Regalos de Navidad

1. **E1:** ¿Qué le pidió Berta a su mamá? **E2:** Le pidió una computadora. ¿Se la compró? **E1:** Sí, se la compró. 2. **E2:** ¿Qué le pidió Berta a su papá? **E1:** Le pidió un estéreo. ¿Se lo compró? **E2:** No, no se lo compró. Le compró un radio. 3. **E2:** ¿Qué le pidió Berta a su abuelita? **E1:** Le pidió una bicicleta. ¿Se la compró? **E2:** No, no se la compró. Le compró un suéter. 4. **E1:** ¿Qué le pidió Berta a su tío Samuel? **E2:** Le pidió una mochila. ¿Se la compró? **E1:** Sí, se la compró. 5. **E1:** ¿Qué le pidió Berta a su hermano Raúl? **E2:** Le pidió una blusa. ¿Se la compró? **E1:** No, no se la compró. Le compró unos zapatos de tenis. 6. **E2:** ¿Qué le pidió Berta a su hermanastra? **E1:** Le pidió unos zapatos de tenis. ¿Se los compró? **E2:** No, no se los compró. Le compró unas sandalias. 7. **E2:** ¿Qué les pidió Berta a sus tíos Juan y Rebeca? **E1:** Les pidió unas sandalias. ¿Se las compraron? **E2:** No, no se las compraron. Le compraron un libro. 8. **E1:** ¿Qué le pidió Berta a su prima Nilda? **E2:** Le pidió una camisa. ¿Se la compró? **E1:** No, no se la compró. Le compró un sombrero.

Lección 9

Quinceañera

Answers will vary.

Compartir

Standing: Sra. Gómez, Dolores, Raúl; first row: Carlos, Rubén; second row: Sra. Blanco, Leonor, Graciela; third row: Estudiante 2, Estudiante 1, Enrique; fourth row: Óscar, Alfredo, Yolanda

Lección 10

Crucigrama

1. embarazada 2. corazón 3. ojo 4. enfermera 5. farmacia 6. oreja 7. aspirina 8. paciente 9. receta 10. (down) brazo; (across) boca 11. nariz 12. pastilla 13. hospital 14. (down) dentista; (across) doctor 15. clínica 16. estómago 17. tobillo 18. rodilla 19. dedo 20. tos

En el consultorio

9:15 La señora Talavera llegó. Tenía dolor de cabeza.

9:45 Eduardo Ortiz llegó. Tenía dolor de estómago.

10:00 Mayela Guzmán llegó. Estaba congestionada.

10:30 El señor Gonsalves llegó. Tenía dolor de oído.

11:00 La profesora Hurtado llegó. Tenía gripe.

3:00 Ramona Reséndez llegó. Estaba nerviosa.

4:00 La señorita Solís llegó. Tenía un resfriado./Estaba resfriada.

4:30 Los señores Jaramillo llegaron. Tenían tos.

Lección 11

¡Tanto que hacer!

Answers will vary.

¿De quién es?

E1: Las calculadoras son mías. La cámara de video es de mi compañero/a. El control remoto es nuestro. El fax es de Cecilia. Los televisores son nuestros. Los videocasetes son de Cecilia. Las computadoras portátiles son nuestras. Los discos compactos son de Cecilia. Las videocaseteras son mías. El teléfono celular es de mi compañero/a.

E2: Las calculadoras son de mi compañero/a. La cámara de video es mía. El control remoto es nuestro. El fax es de Cecilia. Los televisores son nuestros. Los videocasetes son de Cecilia. Las computadoras portátiles son nuestras. Los discos compactos son de Cecilia. Las videocaseteras son de mi compañero/a. El teléfono celular es mío.

Lección 12

¡Corre, corre!

Answers will vary slightly. Marta quita la mesa. Francisco lava los platos/limpia la cocina. Francisco hace las camas. Marta sacude los muebles. Marta saca la basura. Francisco pasa la aspiradora. Marta barre el suelo. Sus padres llegan a casa. Marta y Francisco están cansados. La casa está limpia. Marta y Francisco están contentos. Piensan en la fiesta de anoche.

¿Por qué están Marta y Francisco limpiando con tanta prisa? Vienen sus padres y la casa está muy desordenada.

¿Qué pasó? Marta y Francisco dieron una fiesta la noche anterior.

Investigación

El Sr. Medina visitó el jardín, la cocina, el dormitorio, el balcón, la oficina, la sala, la cocina, el jardín, el garaje.

Lección 13

No te preocupes

Answers will vary.

El medio ambiente

E1: 1. Es cierto que nuestra organización estudia la ecología de la zona. 2. No creemos que el río Santa Rosa esté limpio. 3. No cabe duda de que su empresa contamina también el aire. 4. Es probable que muchos animales y plantas mueran por la contaminación. 5. Second part of sentence will vary. Sample answer: En cuanto empiecen a cuidar la naturaleza, las especies del área van a aumentar.

E2: 1. Creemos que hay muchas formas de reducir las emisiones de gas. 2. Nosotros podemos enviarle información para que ayude al medio ambiente. 3. Estamos seguros de que va a aumentar sus ventas. 4. Es posible que su empresa pueda manejar el desecho líquido de otra forma. 5. Second part of sentence will vary. Sample answer: A menos que su empresa proteja las especies del área, van a desaparecer.

Letters will vary slightly. Sample letter: Le escribimos porque estamos preocupados por el medio ambiente. Es cierto que nuestra organización estudia la ecología de la zona. Vemos que el medio ambiente tiene mucha contaminación. Si quiere, nosotros podemos enviarle información para que ayude al medio ambiente. Es probable que muchos animales y plantas mueran por la contaminación. A menos que su empresa proteja las especies del área, van a desaparecer. Además, no creemos que el río Santa Rosa esté limpio. Queremos saber si es posible que su empresa pueda manejar el desecho líquido de otra forma. No cabe duda de que su empresa contamina también el aire. Creemos que hay muchas formas de reducir las emisiones de gas. En cuanto empiecen a cuidar la naturaleza, las especies del área van a aumentar. Si su empresa cuida más la naturaleza, estamos seguros de que va a aumentar sus ventas.

Lección 14

Busca los cuatro

1. Se ofrece un apartamento, una alfombra, un automóvil, un perro, un gato, una colección de poemas, unos muebles de sala, una computadora 2. Se necesita un reproductor de DVD, un novio, una novia, una casa en la playa, unos camareros, un gato, un apartamento, un carro 3. Los anuncios que corresponden: 1. (1, f) 2. (4, g) 3. (5, b) 4. (8, e)

La fiesta de Laura

1. Cobremos el cheque. 2. Vamos al centro comercial. 3. Entremos a la tienda de música. 4. Escuchemos el disco de Enrique Iglesias. 5. Comprémoslo. 6. Paguémoslo en efectivo. 7. Acordémonos de buscar una tarjeta. 8. Escojamos la más bonita. 9. Entremos a la pastelería. 10. Compremos el pastel de chocolate. 11. Llevémoslo a casa. 12. Pongámoslo en la cocina. 13. Limpiemos la sala y la cocina. 14. Vistámonos para la fiesta. 15. Prendamos el estéreo.

Lección 15

El gimnasio perfecto

Answers will vary.

¿A favor o en contra?

Answers will vary.

Lección 16

El futuro de Cristina

2010: Cristina se graduará. **2015:** Trabajará como secretaria en una compañía. **2020:** Se casará. **2025:** Cristina tendrá cuatro hijos. **2030:** Cristina ganará la lotería. **2035:** Venderá su casa. **2040:** Trabajará como gerente de su propia compañía. **2045:** Cristina y su marido viajarán/irán a la Luna. **2050:** Cristina y su marido se jubilarán.

La entrevista

Answers will vary.

Lección 17

Crucigrama

1. festival 2. telenovelas 3. poeta 4. romántico
5. público 6. cerámica 7. canal 8. danza 9. acción
10. bailarín 11. aventuras 12. teatro 13. cuento
14. director 15. orquesta 16. escritor 17. musical
18. pintar 19. extranjero 20. artesanías 21. boleto
22. premio

S.O.S

Answers will vary.

¿Qué pasaría?

1. CAUSA (1) el presidente declarar guerra; EFECTO (b) luchar por la paz 2. CAUSA (a) haber un huracán; EFECTO (2) salir 3. CAUSA (3) ser día de elecciones; EFECTO (d) votar 4. CAUSA (c) Bajar el desempleo en el país; EFECTO (4) bajar la violencia 5. CAUSA (5) durar temperaturas altas; EFECTO (f) ocurrir incendios 6. CAUSA (e) Angélica Solares hacer el papel; EFECTO (6) aplaudir

Oraciones Answers may vary. 1. Si el presidente declarara una guerra, los ciudadanos lucharían por la paz. 2. Si hubiera un huracán, las personas saldrían de la ciudad. 3. Si fuera el día de elecciones, votaría por mi candidato favorito. 4. Si bajara el desempleo en el país, bajaría la violencia. 5. Si duraran las temperaturas altas, ocurrirían incendios. 6. Si Angélica Solares hiciera el papel principal en la película, el público aplaudiría mucho.

Dos artículos

E1: 1. Tres estudiantes quedaron lastimados porque Alberto Moreno disparó una pistola en una escuela. 2. Todos se tiraron al suelo al escuchar los disparos. Estaban enojados y nerviosos. 3. Answers will vary.
E2: 1. Los trabajadores quieren un aumento de sueldo y más beneficios. 2. La jefa dijo que la empresa no podía aumentar los sueldos por la situación económica del país. 3. Answers will vary.